초보자를 위한
네이트 NATE
앱스토어에서
앱스 Apps
만들기

저자 이영호 Victor Lee

이 책의 저자 이영호는 패션디자이너이자 문화CEO로서 활발한 활동을 하고 있습니다.

'문화(CULTURE)적 패션 소비'를 기치로 스타일(STYLE)에 스토리(STORY)를 담은 패션 브랜드 '콩나물(KONGNAMUL)'의 CEO이자 패션디자이너입니다.

베스트셀러 '돈버는 블로그'를 출간한 후, 모바일 콘텐츠 시장의 오픈마켓에 관한 '초보자를 위한 네이트 앱스토어에서 앱스[APPS] 만들기'를 집필했습니다.

컴퓨터에서 스마트폰으로 시장 전환이 본격화되는 인터넷 콘텐츠 시장 상륙에 따라 '초보자들을 위한 기초부터 스스로 네이트 앱스 제작'까지를 집필하기 위해 네이트의 [앱스토어 가이드]를 직접 따라 해 보았습니다.

블로그 : www.kongnamulstyle.com
트위터 : www.twitter.com/kongnamul

글로벌문화토크쇼 [빅터리 쇼] : www.victorleeshow.com

초판 인쇄일 _ 2010년 5월 28일

초판 발행일 _ 2010년 6월 7일

글쓴이 _ 이영호

기획진행 _ 이영희

디자인·본문편집 _ 송유선

본문삽화 _ 안홍준

표지디자인 _ 김경미

영업마케팅 _ 김남권, 황대일, 서지영

발행인 _ 박정모

등록번호 _ 제9–295호

발행처 _ 도서출판 혜지원

주소 _ (130–844) 서울시 동대문구 장안 1동 420–3호

전화 _ 02)2212–1227, 2213–1227 / 팩스 _ 02)2247–1227

홈페이지 _ www.hyejiwon.co.kr

ISBN _ 978–89–8379–644–8

정 가 _ 11,000원

혜지원

글 시작하며

애플社의 '아이폰'과 '아이패드', '아이팟 터치'에서 작동하는 콘텐츠를 사용자가 자유롭게 선택하여 다운로드받아 사용하게 하는 앱스토어가 세계적으로 큰 수익을 내며 성공을 거둠에 따라 전 세계 IT기업들 사이에 "앱스토어" 열풍이 불었다.

SKT, KT, 삼성전자, LG전자 등, 참여기업들이 늘어나면서 애플社에 이어 경쟁적으로 앱스토어를 오픈하거나 오픈할 계획인데, 이와 같은 분위기를 더욱 자극하듯 애플社는 2008년도에 iPhone2를 1,370만 대를 판매했다고 밝혔다. 오리지널 iPhone을 합하면 1,700만 대가 팔렸다고 하니 어마어마한 수치이다. 모바일 핸드폰 시장 구조가 서비스를 제공하는 회사 중심에서 콘텐츠를 사용하는 사용자 중심으로 옮겨가고 있다는 증거이기도 하다.

같은 운영체제를 사용하는 아이팟까지 합치면 3,000만대에 이르는 단말기를 판매한 애플社는 앱스토어(App Store)라는 새로운 콘텐츠 비스니스 모델을 만들었고, 2008년 7월 아이폰용 애플리케이션 사이트인 '앱스토어'를 선보이며 전 세계 개발자들을 끌어모으는 데 성공했다. 애플社의 앱스토어는 2009년 4월 23일 기준 10억 개의 어플리케이션 누적 다운로드를 기록했다.

앱스토어(Application Store)는 애플이 운영하고 있는 아이폰 및 아이팟 터치용 응용 소프트웨어 다운로드 서비스인데, 2008년 7월 10일부터 아이튠즈 서비스로 시작되었다. 개인용 컴퓨터에서 아이튠즈를 이용하거나, 아이폰 및 아이팟 터치의 메뉴에서 직접 3G 네트워크 혹은 Wi-Fi를 경유하여(아이팟 터치의 경우는 Wi-Fi만 지원) 소프트웨어를 다운로드 한다. 다운로드 받을 수 있는 소프트웨어는 유료 및 무료가 있으며, 무료 애플리케이션을 다운로드할 때도 아이튠즈 스토어의 계정이 필요하다.

한 가지 특이한 점은 일반 이용자들도 자신이 개발한 애플리케이션(프로그램)을 앱스토어를 통해 등록하는 것이 가능하다는 것이다. 이를 위해서 애플과 인터넷 상에서 개발자 계약을 한 후, 인텔의 CPU가 탑재된 맥킨토시의 Mac OS X 10.5 위에서, Xcode, 아이폰 SDK 등의 개발도구를 이용하여 작성한 후, 앱스토어를 통해 전 세계를 대상으로 판매한다는 점이다.

앱스토어 열풍은 핸드폰 제조업체, 이동통신사는 물론이고 모바일 플랫폼(소프트업체)들에게도 확산되어 마이크로소프트, 구글 등도 연이어 애플리케이션 장터를 열었거나 여는 중이다.

구글 역시 애플과 마찬가지로 안드로이드 소스를 공개하고 콘텐츠 제작 툴인 SDK를 개방한 데 이어 애플社의 앱스토어처럼 구글의 안드로이드 마켓을 선보였다. 시장 오픈을 사업 확대의 기초로 삼는 구글답게 애플보다 개방정도가 더 크다는 점이 특징이다.

애플社의 '앱스토어'는 글자 그대로 상점의 기능으로 애플의 통제 하에 움직이지만 '안드로이드 마켓'은 장터인 '마켓'이라는 용어를 사용해 사용자 비중이 높아졌다. 다른 회사와 비교하여 상대적으로 폐쇄구조 경향이 강한 마이크로소프트 역시 애플, 구글과 비슷한 콘셉으로 윈도 모바일 7.0 기반의 온라인 마켓 '스카이마켓'이 있다.

단, 미리 알아둬야 할 점은, 애플社의 앱스토어에서 자신이 개발한 어플리케이션(콘텐츠)을 판매하기 위해선 개발자로 등록해야 하고, 연간 99 달러의 등록료도 애플社에게 지급해야 한다. 자신이 판매할 유료 애플리케이션의 판매 가격은, 개발자가 자유롭게 매길 수 있는데, 판매 수익의

70%는 개발자가 가져가고 30%는 애플이 수수료 및 호스팅 비용으로 받는 구조이다. 앱스토어를 이용하려면 아이폰 및 아이팟 터치의 운영체제 버전이 2.0 이상이어야 하며, 컴퓨터에서 이용하는 경우 아이튠즈 7.7 이상부터 가능하다.

앱스토어 개발 열풍이 한국에 전해진 이유는 무엇일까?

앱스토어에서 가장 인기가 많은 콘텐츠는 역시 게임이다. 게다가 상대적으로 모바일 게임 시장이 형성된 한국의 개발자들이 개발한 게임들이 큰 인기를 얻었는데, 개인이 개발하여 올린 '헤비 매크(Heavy Mach)'라는 게임이 업로드 2주 만에 다운로드 순위 5위, 게임순위 3위에 오르면서 10만회 이상의 다운로드를 넘어서며 10만 달러 상당의 수익을 올렸고, 이와 같은 소식이 국내에 전해지며 앱스토어 개발 열풍이 불었다.

그러나, 한국의 앱스토어는 기존의 앱스토어와 다르다.

그 이유는, 먼저 복잡한 게임 관련 법규에 있다. 문화체육관광부 산하 게임물등급위원회의 심의를 통해 등급분류를 받아야 하고, 게임산업진흥법 규정에 따라 사업자 등록도 필요하다. 프리랜서로 하려는 개발자들에게는 어려운 일이다. 게다가, 수십만 원에 달하는 심의수수료나 심의절차도 문제이다. 또한, 앱스토어 성공모델과 비슷한 게임을 주로 개발하게 되면서 0.99달러짜리 소액 콘텐츠가 주로 등장함에 따라 만화, 소설, 벨소리 등의 다양한 콘텐츠 적용은 꿈 꾸기조차 어려운 상황이다.

네이트 & 싸이월드에서 시작하는 앱스토어

SK텔레콤에서 네이트닷컴(www.nate.com)을 통해 '앱스토어'를 시작했다. 그 주소는 http://appstore.nate.com이다.

SK텔레콤의 이와 같은 시장 선점을 위한 행보를 눈여겨 봐야하는데, 싸이월드, 네이트온을 위시한 2천만 명의 회원을 기반으로 벌이는 사업이기 때문이며, 싸이월드의 일촌관계를 통한 콘텐츠 홍보와 콘텐츠 결제수단으로 세계적으로도 유래가 없는 '도토리' 기능을 활용함이 장점이기 때문이다.

게다가, SKT의 '앱스토어'는 만화, 소설, 캐릭터, 음악, 게임, UCC영상 등의 모든 콘텐츠를 업로드하고 판매할 수 있는 오픈마켓으로 개설된다는 점이 장점이다.

한국만의 앱스토어가 열리게 된다는 점이다. 만약 이렇게 진행된다면 게임 관련 콘텐츠는 기존 게임업체들이 주관할 것이고, 일반 네티즌 및 이용자들은 만화, 소설, 음악 등 훨씬 다양한 콘텐츠를 만들어 앱스토어에 올리게 되므로 다양한 분야의 시장 저변이 확대되는 긍정적인 효과를 기대할 수 있다.

콘텐츠 오픈마켓 [앱스토어],
초보자를 위한 네이트&싸이월드 앱스[Apps] 만들기

이처럼 모바일인터넷에 불어 닥친 [앱스토어] 마켓 형성에 따라 국내에 선보이는 본 도서『콘텐츠 오픈마켓 앱스토어, 초보자를 위한 네이트 앱스토어에서 앱스[Apps] 만들기』가 좋은 점은 무엇일까?

먼저, 컴맹이나 인터넷 단순 이용자들에게는 어렵기만 한 콘텐츠 개발 작업을 순서대로 보면서 따라하도록 구성했다는 점이다.

전문 프로그래머를 제외한 대다수의 인터넷 이용자들은 앱스토어 초창기에는 인터넷 검색과 아이폰에 탑재된 콘텐츠 소비자로 활동할 수 있지만, 점차 시장이 커지면서 앱스토어에 참여하려는 시장 수요가 늘어날 것인데, 관련 컴퓨터 학원 및 1인 기업과 프리랜서로 활동하는 모든 이들이 보고 배울 교재가 전혀 없던 상황에서 본 도서가 앞장서게 되었다.

이 책은 네이트 앱스토어에서 앱스를 개발하여 등록하고 싸이월드 미니 홈피 사용자들에게 앱스가 홍보되는 과정을 소개하고 있는 바, 안드로이 드 운영체제를 사용하는 다양한 스마트폰이 출시되면서 WiFi(와이파이) 를 통해 네이트 앱스토어에 접속, 다양한 애플리케이션을 사용하게 되는 흐름에 적합한 책이다.

본 도서를 통해 컴맹부터 개발자까지 누구라도 쉽게 '네이트 앱스토어'를 이해하고 쉽게 참여할 수 있는 기회가 될 것으로 기대한다.

저자 이영호

다양한 앱스토어들이 있다.

- **애플 앱스토어 http://www.apple.com/iphone/apps-for-iphone**

- **LG 앱스토어 http://au.lgapplication.com/web.main.dev**

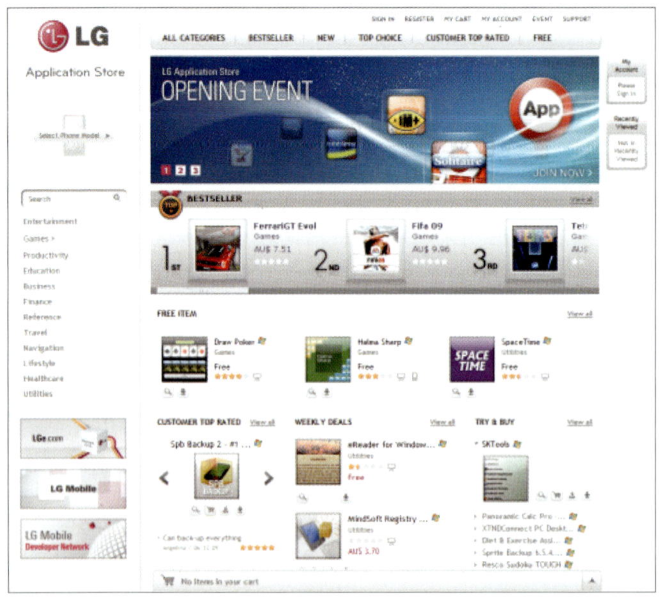

- **삼성 앱스토어 http://www.samsungapps.com**

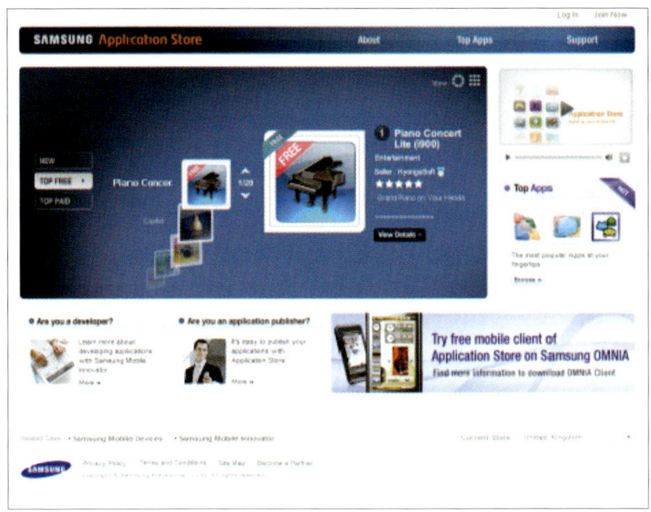

- **KT 쇼 앱스토어 http://appstore.show.co.kr/main.do**

이 책의 차례

■ 글 시작하며   004

Part 1 앱스토어란 무엇인가?   016

#_01. 앱스토어를 알아볼까?   018

1. '앱스'의 종류   021

2. '앱스'의 유통   021

3. '앱스(Apps. : Application)' & '앱스토어(Appstore : Application Store)'   022

Part 2 앱스[Apps] 개발을 배워볼까?   030

#_01. 앱스[Apps] 개발, 땅 짚고 헤엄쳐볼까?   032

1. 네이트 앱스토어 기초부터 따라하기   032

2. 네이트 앱스토어에 앱스 올리기   084

Part 3 앱스토어, 개발 자료 엿보기   100

#_01. 초보자도 겁 없이 '앱스[Apps]' 만들기   102

1. [초보자도 겁 없이 앱스[Apps] 만들기]를 위한 XML 이해하기   104

#_02. 앱스 완전 기초 노하우   106

1. 첫 번째 앱스 : Hello Apps!를 만들어보자   107

2. 두 번째 앱스 : 방문자 이름 보이기   110

#_03. JavaScript(OpenSocial API v0.81)   112

1. Social Data   112

2. Persistent Data   118

3. Activities   122

4. 앱스토어 어플리케이션 플랫폼 API 활용   123

#_04. 외부 컨텐츠 가져오기   130

1. 외부 서버의 JSON data 가져오기   131

#_05. Google OpenSocial 활용하기   137

1. 소셜 어플리케이션 작성하기   138

2. 오픈소셜 라이브러리 가져오기   138

3. 인물과 프로필 연결   139

4. 가젯 스페시피케이션 만들기   140

5. 어플리케이션 구조 만들기   141

Part 4 앱스토어, 이것만은 알아주자 — 142

#_01. 개발 가이드 — 144

　1. 아이콘 — 144

　2. 썸네일 — 145

　3. 대표이미지 — 145

　4. 숏컷 — 146

　5. 캔버스뷰 — 148

　6. 체험하기 — 149

　7. 게시물로 저장하기 — 149

　8. 알림 가이드 — 150

#_02. 광고 가이드 : 광고 소재 규정, 광고 사이트 규정 — 151

　1. 광고 가이드 — 151

　2. 광고소재 규정 — 152

　3. 광고 사이트 규정 — 157

#_03. 앱스 운영 가이드 — 159

　1. 앱스 운영 가이드 — 159

　2. 앱스이용사 내상 마케팅 커뮤니케이션 — 160

　3. 앱스 중단/정지 가이드 — 162

#_04. 개인정보 보호 가이드 — 163

　1. 개인정보 보호 가이드 — 163

#_05. CS 대응 가이드 — 164

　1. CS 대응 가이드 — 164

#_06. 서비스 지연 및 장애 가이드　　165

　1. 서비스 지연 및 장애 가이드　　165

#_07. 게임 앱스 가이드　　167

　1. 게입 앱스 가이드　　167

Part 5　돈 버는 앱스토어, 페이먼트 가이드　　174

#_01. [앱스토어]에서 돈 벌어보자　　176

　1. 페이먼트 신청 및 사용　　176

부록

#_01. 앱스토어 제공자 이용약관　　190

#_02. 개인정보취급방침　　196

#_03. 게임산업진흥에 관한 법률　　203

■ 글 마치며　　236

앱스토어란 무엇인가?

#_01 앱스[Apps]를 알아볼까?

#_01
'앱스토어'를 알아볼까?

모바일 세상에서 내가 만든 콘텐츠를 다른 이들과 나눠 쓰고, 때로는 돈도 버는 콘텐츠 오픈마켓으로 정의할 수 있는 앱스토어. 앱스토어는 수많은 사용자들이 개발하여 올리는 '앱스'로 구성되는데, **'앱스'란 어플리케이션(Application)의 약자**로 '콘텐츠'와 '콘텐츠를 사용하기 위한 기능'으로 이해하면 된다.

앱스토어가 주목받게 된 이유는 애플社가 앱스토어의 성공을 이뤄내면서부터이다. 새로운 사업 아이템에 목말라하던 각국의 IT기업들도 참여하는 시장 확대를 가져왔으며 인터넷기업들은 콘텐츠를 개발하여 큰 수익을 올리는 기회를 기대하고 있다.

모바일 기기제작 업체뿐 아니라 콘텐츠 개발회사들도 참여하고, 모바일 통신 서비스 회사도 적극 참여하게 되는 거대한 시장 탄생의 초석을 만든 것이다.

애플社의 아이폰(iPHONE)을 사용하는 사람들에게 '앱스' 및 '앱스토어'는 우리가 전화통화를 하는 것처럼 일반적인 기능이며, 스마트폰을 사용 중인 이들에게 앱스토어가 널리 사용되는 중이다.

 초보자를 위한 네이트 앱스토어에서 앱스 만들기

앱스토어는 새로운 트렌드에 민감한 사람들뿐 아니라 누구나 사용하는 일반적인 기능으로 자리매김하는 중인데, 사람들의 이와 같은 움직임을 예의 주시하여 소비자들의 행태를 포착, 서비스를 먼저 개발하는 기업이 시장을 리드할 것으로 보인다. 국내에서도 SK 및 삼성, KT, LG 등의 대기업들이 앱스토어 시장 진입 및 운영을 진행 중인 이유이다.

이 글을 읽는 이들 가운데 네이트(www.nate.com)의 앱스토어는 컴퓨터로 인터넷을 사용하는 이들을 위한 콘텐츠 오픈마켓이 아닌가?라는 의문점을 가질 수 있다.

하지만 그와 같은 예상은 사실과 다르다. SK텔레콤에서 네이트에 '앱스토어'를 서비스한다고 했을 때 그 시초는 애플社의 앱스토어였음을 주목한다면, 어렵지 않게 다음 행보를 예상할 수 있다.

SK커뮤니케이션즈가 인터넷 분야 선두권 달성의 목표로 준비해온 사업 가운데, 계열사인 SK텔레콤과 협력해 온라인 인맥관리서비스(SNS) 기능이 특화된 '싸이월드폰'을 출시할 계획이 있다. 이와 같은 유추는 유·무선 통합을 통해 시너지를 얻겠다는 SK그룹의 전략과도 맞아떨어진다.

네이트의 앱스토어를 적극 활용하게 될 싸이월드폰은 인맥관리(SNS)에 특화된 만큼 메신저 친구나 싸이월드 일촌정보, e메일 등 웹에서 변동되는 인맥 네트워크 정보를 '실시간으로' 휴대폰에 자동 업데이트해준다.

게다가, 유선 인터넷 서비스를 모바일에 최적화한 다른 포털 사이트의 모바일 전략과 달리 검색·메신저·개인 블로그 등 다양한 인맥 커뮤니케이션 서비스들을 바탕화면의 버튼 하나만으로 사용할 수 있도록 '통합 커뮤니케이터'의 개념으로 만들어지는 것이다.

이와 같은 사업의 일환으로, 2009년 9월 30일 '싸이월드 앱스토어'를 선보이게 된 것이다. 기본의 포털 사이트가 모바일 다음(m.daum.net)이나 모바일 네이버(m.naver.com) 등 기존 포털사이트를 축소해 모바일 화면으로 만든 것에 비해, SK의 이와 같은 행보는 사람들이 꼭 쓰고 싶어지는 모바일 전용 '킬러 앱스'를 시장에 내놓는 것으로 생각할 수 있다.

실제로 각각 다운로드수 약 600여만 건과 120여만 건, 일일 순방문자수 약 150여만 명과 10여만 명에 달하는 '모바일 싸이월드'와 '모바일 네이트온'이라는 서비스를 이미 보유하고 있는데, 모바일 분야에서는 가장 활성화된 서비스라고 할 수 있다. 애플 아이폰에서 게임과 음악, 모바일의 결합으로 성공을 거두었다면 해외에 없는 SNS가 결합된 폰과 결합되는 네이트닷컴의 앱스토어의 활약이 기대되는 것이다.

우리 일상 생활의 모든 활동을 편리하게 해주는 서비스가 앱스를 통해 가능하게 되는데, 아침에 깨워주는 알람 기능, 가장 가까운 길을 찾아주는 내비게이션 기능 등, 편리한 생활 밀착형 앱스들은 네이트 직원들이 모두 직접 개발하여 올리는 것이 아니다. 네이트 및 싸이월드를 사용하는 이용자들이 직접 개발하여 올려둔 앱스들을 다른 사용자들이 자유롭게 선택하여 다운로드받아서 사용할 뿐이다.

애플社의 경우에도, 아이폰 어플리케이션(앱스) 역시 거의 전부 애플의 직원이 직접 만든 것은 없다. 애플의 앱스토어는 2008년 7월 500개의 앱스로 시작하여, 서비스를 시작한 지 1년 만인 2009년 7월까지 약 6만 5천 개의 앱스가 올라왔고, 총 15억 회에 이르는 다운로드 횟수를 기록했다. 매일 약 180개에 이르는 새로운 앱스가 등록되었고, 모든 사용자들이 매월 3개 이상의 앱스를 다운로드 받았다는 수치로 계산된다. 아이폰 사용자들의 음성 통화량은 일반 휴대폰 사용자들과 별다른 차이가 없었으나, 앱스 이용량은 일반 사용자들보다 4배 이상을기록했다. 곧 출시될 예정이라는 싸이월드폰의 가능성을 예감하게 되는 대목이다.

1 '앱스'의 종류

'앱스'는 휴대폰의 기능으로 일정 관리 프로그램, 주소록, 계산기, 게임 등을 비롯해서 우리가 흔히 사용하는 문서관리 기능으로 한글, 엑셀, 워드, 파워포인트 등과 바이러스 백신프로그램까지 모든 것들을 '앱스(Application)'라고 부를 수 있다.

다만, 2009년 말을 기준으로 일컫는 '앱스'란 심비안(Symbian), 아이폰 OS(iPHONE OS), 윈도우즈 모바일(Windows Mobile), 안드로이드(Android) 등의 모바일 OS(운영체제)에서 작동되는 스마트폰용 앱스를 지칭한다. 일반 개인 컴퓨터용 프로그램은 '앱스'라고 부르지 않으며 앱스토어에서 거래하지 않는다.

2 '앱스'의 유통

모바일 휴대폰 운영체제(OS)에서 작동되는 앱스를 개발하여 개발자가 가격표를 붙여 앱스토어에 올려놓으면 다른 이용자가 구경한 후 각자 필요한 앱스를 구매하고, 해당 앱스는 구매한 이용자의 휴대폰에 자동으로 설치된다. 앱스 판매 수익은 앱스토어를 구축한 회사와 해당 앱스를 개발한 개발자가 일정한 비율에 의해서 분배한다.

기존에는 앱스(어플리케이션:Application)를 개발하더라도 대형 개발사 또는 지속적으로 거래하던 업체 외에는 불가능한 경우가 많았던 비공개 유통방식이었으나 모바일 앱스의 유통은 누구나 자유롭게 개발하고, 개발 즉시 앱스를 등록, 판매를 요청할 수 있다.

다만, 작동 오류가 없어야 하고, 다른 사람이 저작권을 침해한 것이 아니어야

하며, 사회 미풍양속에 위배되는 불건전한 내용이 아니어야 하는 등의 기준에
따라야만 등록/ 판매가 가능하다.

앞서 콘텐츠 유통에 비해 자유로운 '앱스'의 유통 개방으로 개발자들의 자격조
건을 없앴으며, 개발부터 판매에 이르는 시간과 비용까지 절감할 수 있다. **대
형개발자들과 개인 개발자들과의 자유로운 경쟁을 유도했
다는 점이 중요하다.**

3 '앱스(Apps. : Application)' & '앱스토어(Appstore : Application Store)'

세계 최초의 앱스토어는 1999년 서비스된 HANDANGO이다. 이 업체는 앱스
토어만을 전문으로 운영하는데, 다양한 모바일OS를 판매한다. 전체적으로는
14만 여개의 앱스가 등록되어 있으나 다운로드 횟수를 보자면 지난 10년간 약
1억 회에 불과하다. 1년 만에 15억 회 다운로드 횟수를 기록한 애플社에 비해
초라한 성적표를 갖고 있다.

01 애플社의 앱스토어

애플社가 앱스토어를 성공시킬 수 있었던 이유 중 가장 뛰어난 점 하나는 아이
폰(iPHONE)이라는 매개체가 있었기 때문이었다. 애플社의 맥킨토시 컴퓨터
로 대변되는 차별화된 디자인과 다양한 신기술을 접목하여 풀터치 스크린 능의
UI(User Interface)를 이용자에게 편리하게 제공했다. 결과적으로, 소비자들
은 다소 비싼 가격과 상관 없이 사고 싶어하는 구매충동이 생겼던 것이다.

게다가, 아이폰을 작동시키려면 앱스를 구매해야 했고, 앱스를 사려면 앱스토
어에 와야 했으므로 아이폰(iPHONE)과 앱스토어(Appstore)와의 연결점이 생
겼던 것이다. 기계 따로, 콘텐츠 따로 판매하는 애플社의 전략이 빛을 발휘하는
순간이다.

애플社의 앱스토어는 아이폰(iPHONE)과 아이팟 터치(iPOD TOUCH)를 같이 사용할 수 있다. 앱스토어를 이용할 수 있는 제품은 iPHONE Original, 3G, 3GS, iPOD Touch 1, iPOD Touch 2 등의 다섯 개 모델뿐이다. 하지만, 이 5개 모델은 모두 같은 MAC OS X를 사용함으로써, 개발자들이 1종류의 앱스만 개발해도 위 5종의 기기를 사용하는 수천 만 명의 사람들에게 선보일 수 있다는 장점이 있다. 게다가 2010년 1월에 선보인 iPad에도 같은 운영체제를 설치하여 아이폰과 같이 사용할 수 있게 하였다.

반면에, 노키아 등은 기기별로 콘텐츠를 따로 개발하거나 수정을 해야 하고, 연간 7천만 대 이상 판매되는 스마트폰조차 심비안6(Symbian 6)를 사용하면서 각 기기 별로 다시 콘텐츠를 조정해야하는 불편함마저 있다.

애플社의 앱스토어는 이용자들에게 편리한 무선 인터넷 접속 환경을 제공한다. 또한, 데이터요금제를 실시하여 추가적 통신비 부담없이 앱스를 다운로드 받고 이용하도록 서비스 환경을 제공했다. 뿐만 아니라, 개발자들이 개발이 쉽도록 개발 도구인 SDK를 배포하였다는 것도 아이폰 성공의 도화선이 되었음을 부정할 수 없다.

02 앱스토어 & Appstore

애플社의 성공에 자극을 받은 노키아, 소니에릭슨 등 대다수의 휴대폰 제조사들과 구글, MS 등의 모바일 OS 개발사들을 비롯, 버라이존, 티모바일, 보다폰 등의 이동통신사들조차 앱스토어를 개발 중이거나 이미 서비스 중인 곳이 늘어났다.

애플社가 시장을 만들고 리드하자 뒤이어 '앱스토어'에 후발주자로 뛰어든 기업들은 하나같이 '개방성'을 강조하고 있는데, 그 차이점을 알아보자.

❶ 애플社 앱스토어

애플社는 아이폰 등처럼 애플社가 제공하는 기기를 구입한 고객들만 앱스토어를 통해 앱스를 다운로드 받고 사용할 수 있는 구조를 지녔다. 다른 회사의 앱스토어에선 아무리 좋은 앱스가 있다고 하더라도 애플社의 기기에선 사용할 수 없는 무용지물이다.

❷ 他 회사의 앱스토어

애플社를 제외한 다른 회사들의 경우 각 회사의 고객들 외에는 앱스토어를 이용할 수 없도록 막고는 있으나 고객이 다른 회사의 앱스토어에서 앱스를 다운로드받고 사용하는 것은 막지 않는다. 한걸음 더 나아가서, 일부 회사들은 고객을 구분하지 않고, 앱스토어 이용에 제한을 두지 않고 있다.

LG전자에서 만든 앱스토어는 다른 휴대폰 제조사의 제품을 사용하는 고객일지라도 앱스를 사용하도록 개방하고 있으며, LG전자에서 만든 휴대폰을 사용하는 고객들도 다른 앱스토어에서 앱스를 다운로드 받을 수 있다.

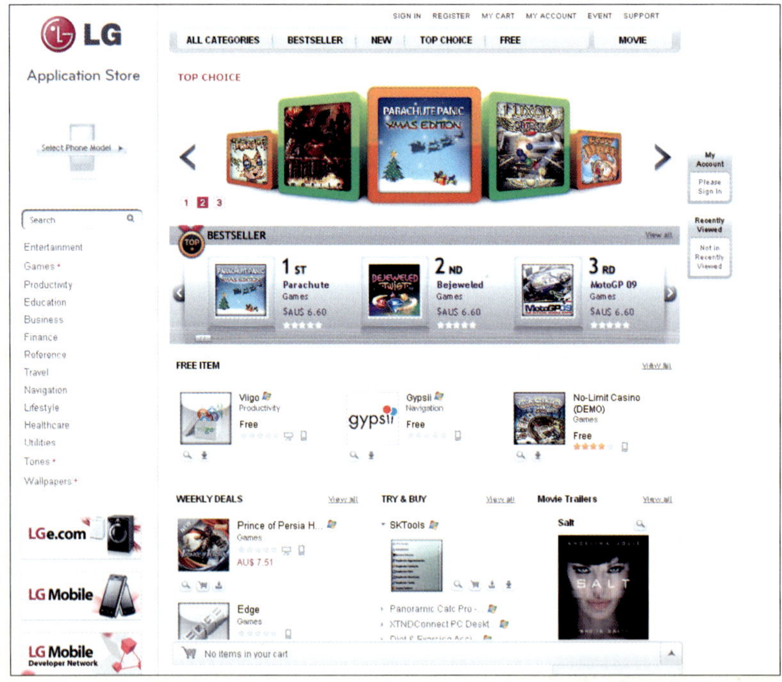

www.lgapplication.com

03 앱스토어(Appstore)의 사업성

시장을 선점해야 살아남는다. LG전자에서 개발하여 출시한 안드로이드 폰(Android Phone)의 경우, SK텔레콤 가입자들이 사용 가능한 앱스토어는 ANDROID market, LG어플리케이션스토어, SK텔레콤 앱스토어, HANDANGO 등을 포함해서 4개이다. 그러나, 소비자들은 특이한 경우가 아니라면 자기가 필요한 앱스를 다운로드받는 한두 곳의 앱스토어만 이용할 것이므로 소수만이 살아남게 될 것이다.

살아남는 앱스토어는 모바일OS를 가진 곳의 앱스토어가 될 것이라는 의견이 우세하지만 가장 중요한 것은 역시 '앱스'에 달려있다. 앱스토어를 운영하는 회사입장에서는 가장 좋은 개발자들을 남들보다 먼저 그리고 많이 확보해야만 경쟁력을 갖추게 된다는 점이다. 이에 비견하여, 네이트 앱스토어의 경우, 독점 정보를 개발자들에게 공개하여 API(Application Programming Interface)로 배포하고 있다.

'앱스' 개발자들을 확보하고 그 수를 늘려가고 있다.

① 스마트폰의 확대는 앱스토어의 확대

앱스토어의 사업성이 높을 것이라는 예상을 하게 해주는 요소는 바로 '스마트폰'의 확산이다. 노키아, 삼성전자, 엘지전자가 스마트폰을 확산하고 있는데, 노키아도 N97 모델을 풀터치 스크린을 장착한 스마트폰으로 출시하면서 계속 그 수를 늘리는 상황이다. 삼성전자와 엘지전자는 윈도우즈모바일 기반으로 스마트폰을 출시하고 안드로이드폰도 내놓고 있다. 노키아, 삼성전자, 엘지전자의 세계 휴대폰 시장 점유율은 65%에 이르는 만큼 전체 시장으로 확대될 가능성은 매우 높다. 걸림돌로 예상되는 스마트폰의 가격은 점차 하향곡선을 그리며 내려가는 중인데, 공급이 많을수록 가격 경쟁이 심화되어 가격이 하락하는 것과 같은 이치이다.

② 앱스토어와 모바일 어플리케이션

스마트폰으로 인터넷에 접속하는 방법은 크게 두 가지인데, 모바일웹(Mobile WEB)을 이용하는 방법과 모바일 어플리케이션(Mobile Application)을 이용하는 것이다.

‘모바일웹’ 방법은 소비자들이 다운로드하고 설치해야하는 불편함이 없는 대신 휴대폰의 배터리와 디스플레이 등이 느리고 조작이 불편하다는 단점이 있다.

‘모바일 어플리케이션’은 휴대폰의 CPU에서 하는 작업을 최소화하고 배터리 사용시간을 최대한 늘렸다. 조작하는 방법도 단순화시키면서 인터넷 검색창이나 주소영역에 주소 입력 없이 ‘원클릭(One Click)’으로 접속할 수 있도록 편리성을 극대화한 게 장점이다.

❸ 앱스의 시장성

트위터(www.twitter.com)의 경우 19% 정도의 이용자가 모바일 휴대폰을 통해 접속한 것으로 조사되었는데 모바일웹을 사용하는 웹브라우저를 통한 접속은 2.3%였으며, 16.7%는 모바일 어플리케이션을 통해 접속했던 것으로 나타났다. 앞으로 모바일 어플리케이션을 통한 사이트 접속이 보편화될 것을 예상하게 되는 부분이다.

모바일 어플리케이션으로 사이트에 접속하는 이용자가 많아진다는 것은 스마트폰에서 앱스를 다운로드받아서 사용하는 사람들이 많아진다는 뜻과 같다. 앱스 개발자 입장에서 보면, 유용한 앱스를 개발해두면 앱스토어에 상관없이 이용자들이 많이 찾게 되고, 결국, 다른 앱스토어들도 유용한 앱스를 가져다가 고객들이 이용할 수 있게 할 것이란 상황이 예견되는 것이다.

❹ 앱스토어 비용

앱스토어 시장 확대에 가장 필요한 요소는 무엇보다도 무선 인터넷 접속 여건이다. 통신업체 가운데 AT&T, Verizon의 경우 누구나 가입할 수 있는 무제한 데이터 요금제를 서비스 중이다. 이 요금제는 한 달에 30달러 수준인데 모바일 앱스토어를 사용하는 이용자들의 요금 부담이 현저히 줄어들었다.

게다가 Verizon 등의 이동통신기업들은 4세대 서비스를 도입할 것이라고 밝혔는데 데이터 송수신 속도가 향상되고, 데이터 요금 또한 줄어들 것으로 기대된다.

국내에서 서비스 중인 LG텔레콤의 OZ는 월 정액제 6,000원으로 데이터 서비스를 이용하도록 제공 중이며, 2013년에는 4G 전국 상용화 서비스를 발표한 바, 앱스토어가 모바일 휴대폰의 기본 서비스가 될 수 있는 상황이 구축되는 것이다.

❺ 앱스토어 할까? 말까?

앱스토어는 모바일 휴대폰의 발전 속도와 맞물려 휴대폰만으로 모든 인터넷 서비스를 이용하게 될 때 가능성이 더욱 커질 것이다.

사람들이 모바일 휴대폰으로 많은 앱스를 사용해 본 후에야 앱스를 개발할 것인가?

아니면 사업시기가 오도록 기다릴 것인가?

시장에 먼저 뛰어들어 시장을 리드할 것인가?

앱스토어의 장점은 모바일 휴대폰에서 이용할 수 있는 모바일 어플리케이션을 개인 컴퓨터 인터넷 기능과 실시간으로 활용되게 한다는 점이 매력적이다. 초창기 앱스토어가 주로 게임류의 앱스를 판매하였다면, 점차 전자책을 활용하는 앱스가 등장하는 추세이고, 그림과 사진을 묶은 화보집 앱스도 나타나고 있다. 또한, 영어 학습 등의 교육 앱스가 등장하고, 음반사와 영화사에서 앱스를 만들어 실시간으로 콘텐츠를 직접 판매하는 구조가 되어가고 있다.

이와 같은 추세를 반영하듯, iPHONE OS 3.0 버전에서는 '재판매' 기능을 넣었는데, '재판매' 기능이란 모바일 앱스를 개발하기 어려운 이용자들이 각자의 콘텐츠를 쉽게 판매할 수 있도록 도와주는 앱스이다. 가령, '재판매' 앱스를 내 휴대폰에 받아서 저장해두고 내가 가진 콘텐츠를 올려서 '재판매' 앱스를 통해 다른 이용자들에게 판매하는 방법이다. 이 방법은 게임 앱스 내에서 '재판매' 앱스를 사용, 게임 아이템을 판매하는 기능으로 이용되고 있다.

앱스토어는 게임이나 콘텐츠를 제작, 다른 이용자들에게 판매하여 수익을 올리기 위한 사업으로서 각광받을 수 있지만 무엇보다도 인터넷 누리꾼을 대상으로 사업을 홍보하기에 간편한 도구이기도 하다.

가령, 인터넷쇼핑몰을 운영하는 사람이 인터넷쇼핑몰 접속 앱스를 만들어 올리고, 무료로 배포해둔다. 그 후, 인터넷쇼핑몰을 이용하는 고객에게 모바일로 접속할 수 있는 손쉬운 쇼핑툴을 제공하면 된다. 모바일에서 접속하는 인터넷쇼핑몰인 셈이다. G마켓을 비롯한 몇몇 쇼핑몰에서 제공하고 있다.

국내 인터넷 포털 사이트 네이버(www.naver.com)도 모바일웹 접속 서비스 지원과는 별도로, 별도의 모바일 어플리케이션을 만들어 지도, 오픈캐스트, 웹툰, 실시간 검색어 등을 서비스하고 있다. 다음(www.daum.net) 역시 모바일 어플리케이션을 통해 서비스를 하고 있다.

인터넷을 기반으로 사업하는 온라인 기업 외에, 오프라인 기업들에게도 앱스는 유용한 마케팅 도구이다.

오프라인의 상대적인 높은 홍보비에 비해 모바일 어플리케이션 '앱스'를 사용하면, 어플리케이션 제작비라는 비교적 저렴한 비용의 홍보가 가능하다. 가령, 샤넬 등의 경우, 매장 위치를 안내해주는 어플리케이션을 개발하여 배포하고 있고, 폭스바겐 등의 자동차 제조회사는 간단한 게임을 개발하여 자사 제품을 홍보하는 데 이용하고 있다.

앱스토어는 모바일이라는 영역 제한을 벗어나게 되어 TV와 네비게이션 등의 모든 인터넷 기기로 옮겨갈 채비를 서두르고 있다. 스마트폰뿐만 아니라 일반 휴대폰으로도 앱스를 사용 가능하게 될 것이며, 이미 기업들의 발 빠른 움직임이 감지되고 있다.

Part 2

앱스[Apps] 개발을 배워볼까?

#_01 앱스[Apps] 개발, 땅 짚고 헤엄쳐볼까?

#_01

앱스[Apps]개발, 땅 짚고 헤엄쳐볼까?

1 네이트 앱스토어 기초부터 따라하기

네이트 앱스토어를 이용하려면 앱스토어(Appstore) 개발자 사이트를 통해 누구나 쉽게 앱스(Apps.)를 개발, 등록 신청을 할 수 있다. 앱스토어 개발자를 위한 사이트에서 앱스 개발자가 되어보자.

네이트 앱스토어 개발자 사이트(devsquare.nate.com/)를 보면서 설명하도록 하자.

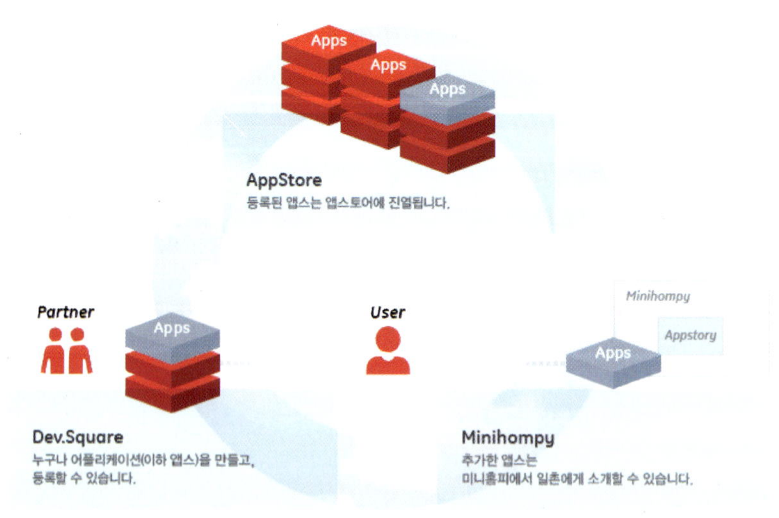

출처: devsquare.nate.com/appstore/index

먼저 앱스토어 어플리케이션 플랫폼은 다음 세 가지로 구성된다.

- 누구나 앱스를 제작, 등록할 수 있는 Dev.Square
- 앱스가 진열되어 유저가 보고 추가를 결정하는 앱스토어
- 마이앱스에 대한 결과를 자랑하고 일촌에게 소개하는 미니홈피-앱스토리

이 세 가지 서비스는 앱스(Apps : application)를 위한 것인데, '앱스'란 앱스토어에서 작동하는 프로그램, 즉 '어플리케이션'을 말한다. 네이트 앱스토어에 작동되는 '앱스'는 싸이월드의 미니홈피에서 일촌들과 함께 공유할 수 있으며, 유료 앱스의 경우 도토리를 통해 결제가 가능하다. 네이트 앱스토어를 활용하려면 우선 네이트 앱스토어 개발자로 등록해야 하는데, 간단한 신청 절차만 거치면 누구나 가입이 가능하다. 네이트 앱스토어 개발자로 등록되었다면, 이제 손쉬운 개발 과정을 따라해보며 개발을 해보도록 하자.

01 앱스토어 살펴보기

여기서 설명하는 네이트닷컴의 네이트 앱스토어(appstore.nate.com)는 네이트 앱스토어 개발자들을 위한 뎁스퀘어(Dev.Square)를 통해 등록한 '앱스'가 이용자들에게 전시되는 곳으로, 앱스토어에서 이용자는 앱스를 찾고, 앱스를 추가할 수 있게 된다.

네이트닷컴(www.nate.com) 사이트에서 첫 페이지에 보이는 앱스토어 메뉴를 찾아보자.

네이트닷컴의 하단 부분으로 이동하면 앱스토어 메뉴가 있다.

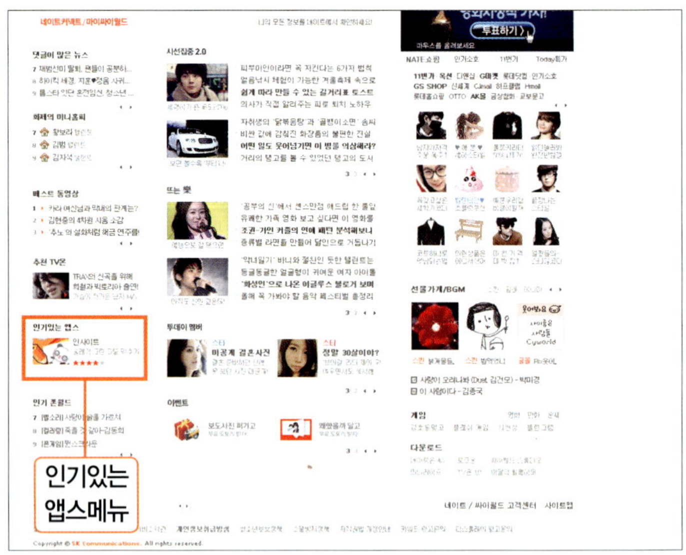

네이트 앱스토어 첫 페이지로 들어왔다. 네이트 앱스토어는 이용자들이 자신이 좋아하는 앱스를 찾아볼 수 있게 되어 있으며, 로그인을 한 후, 싸이월드 미니홈피로 앱스를 퍼갈 수 있게 된다.

네이트 앱스토어 첫페이지에서 마음에 드는 앱스를 찾지 못하면 등록된 모든 앱스 메뉴를 선택하여 등록된 모든 앱스를 찾아볼 수 있다.

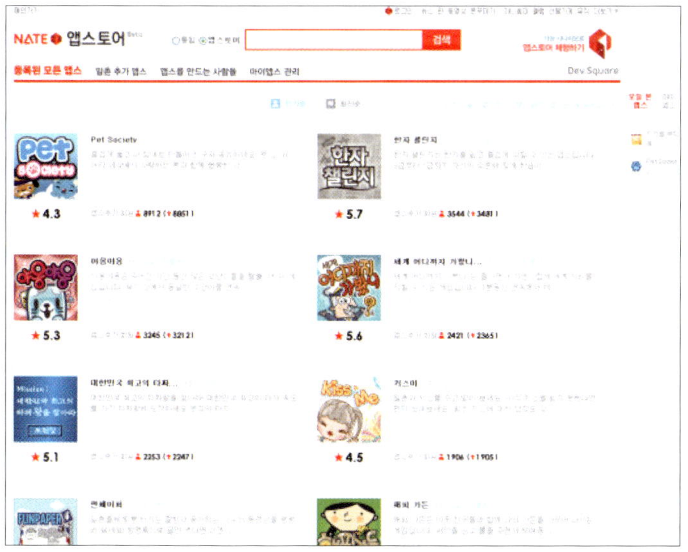

먼저 [로그인] 메뉴를 선택하고, 네이트닷컴 회원으로 등록하자. 회원이 아닐 경우, 네이트닷컴 회원으로 가입해야 하며, 싸이월드에도 사용되는 통합 회원가입이 가능하다. 만약, 기존 회원들이라면 네이트닷컴 회원으로 가입을 한 후, 내가 고른 앱스를 나만의 미니홈피로 추가할 경우, 별도의 싸이월드 회원 로그인이 필요하다.

네이트 앱스토어에서 '앱스를 만드는 사람들'을 선택해보자. 네이트 앱스토어에 앱스를 만들어 등록한 개발자들이 보이고, 그들이 만든 앱스가 보인다.

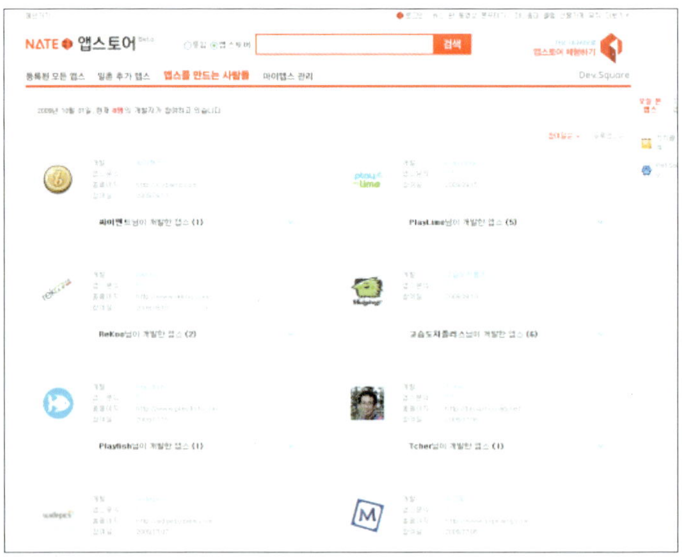

 초보자를 위한 **네이트 앱스토어에서 앱스 만들기**

먼저, 네이트 앱스토어 사용방법을 알아두기 위해 '가상체험 하기'를 선택하자. 네이트 앱스토어 첫페이지가 나타난다. 다음 단계로 이동하는 방법은 [더보기]를 선택하면 된다.

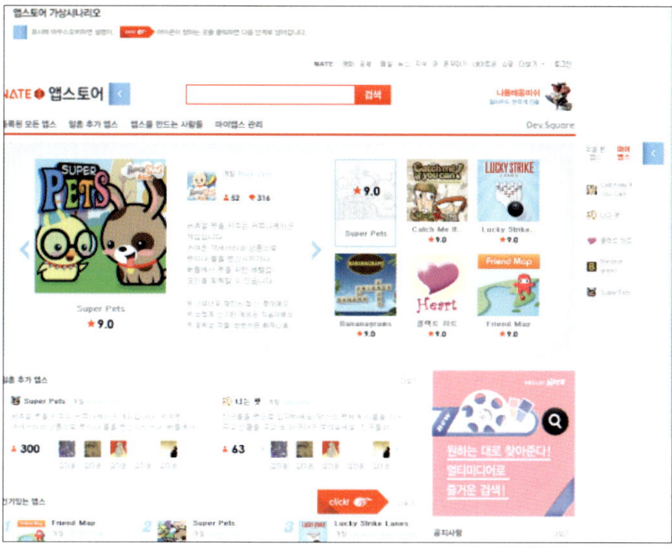

다음 단계는 붉은색 화살표 버튼을 따라가면 된다. 다음 페이지로 이동하기 위해 네이트 앱스토어 첫 페이지에서 [더보기]를 선택하자.

[더보기] 메뉴를 통해 전시된 앱스 가운데, 하나를 선택해보자.

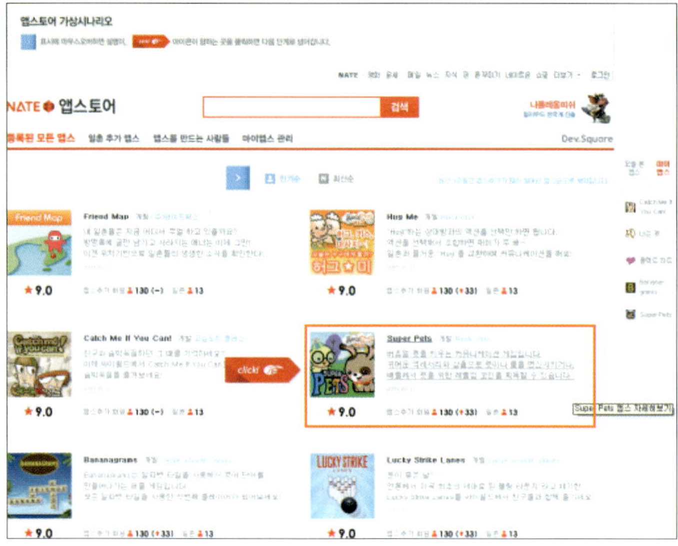

[더보기] 메뉴로 선택한 '앱스'에 대해 보다 자세한 설명과 함께 [앱스 추가], [일촌 추천], [체험하기] 등의 메뉴가 보인다. 일촌 추가를 선택해보자.

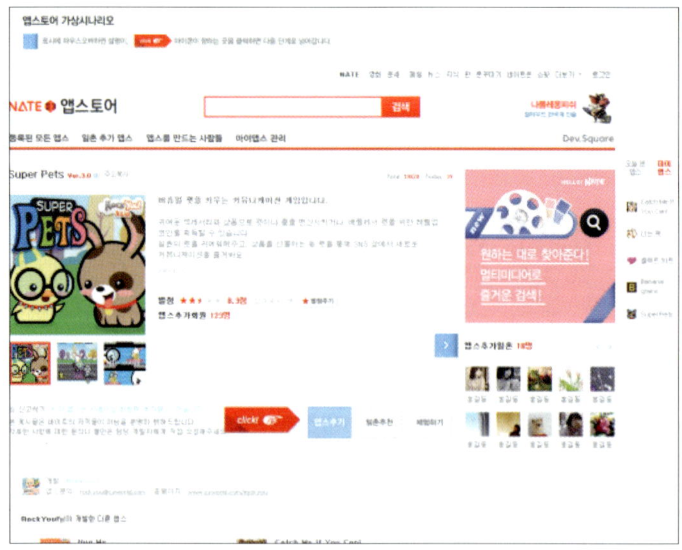

 초보자를 위한 **네이트 앱스토어에서 앱스 만들기**

[앱스 추가]를 선택할 경우, 네이트닷컴 회원이 아니라면 [회원가입] 페이지로 이동하는
데, [회원]일 경우엔 [내 미니홈피에 앱스토리 사용], [관심일촌에게 앱스 추가알림] 메뉴
와 [개인정보 이용안내]가 나오며 동의를 얻는 단계가 나온다. [확인]을 누른 뒤 다음 페
이지로 이동하자.

내 컴퓨터에서 모니터를 통해 내가 선택한 앱스가 작동된다. 작동해보고 내 미니홈피로
옮겨 나중에 더 해보거나 일촌에게 알리고자 한다면 [자랑하기]를 선택하면 된다.

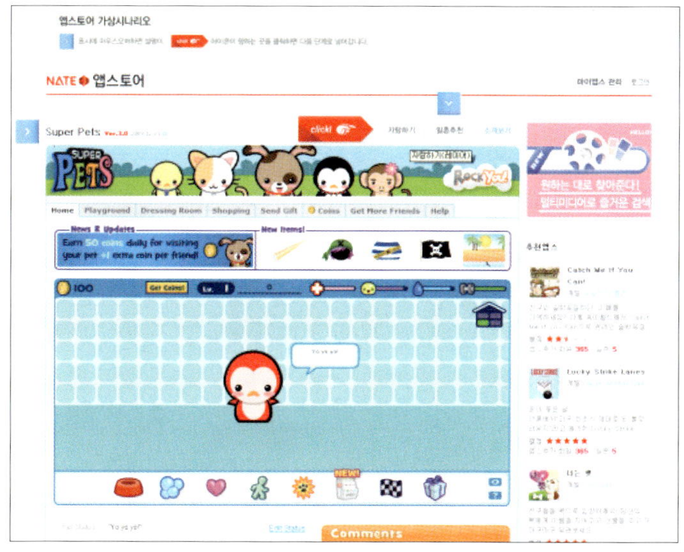

내가 선택한 앱스를 저장할 경우 앱스 대표이미지가 보이며 [확인] 과정을 거치게 된다.
내가 [자랑하기]로 선택한 앱스는 내 미니홈피 [앱스토리]에서 대표 이미지가 보이게 된다.

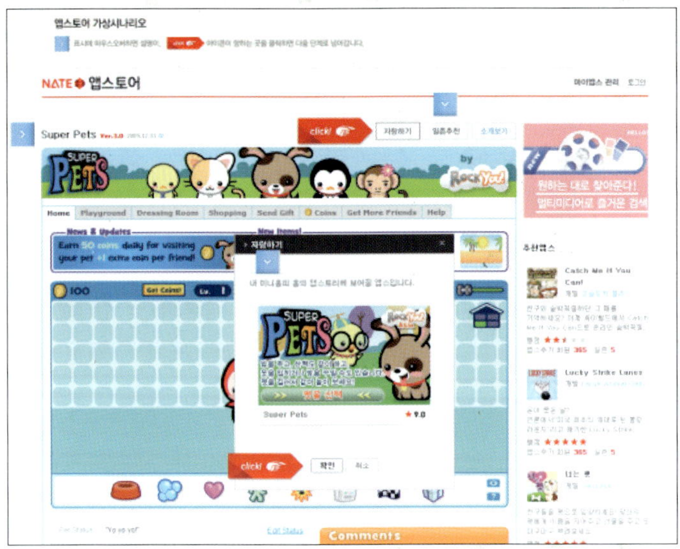

잠시 미니홈피에 가서 [앱스토리]를 확인해보자. 먼저 네이트닷컴에서 싸이월드 로그인을
하자.

 초보자를 위한 네이트 앱스토어에서 앱스 만들기

네이트닷컴에서 싸이월드 아이디로 로그인을 하면 아래와 같이 나타난다. [내 미니홈피 가기]를 선택한다.

미니홈피로 이동해 보면 다음과 같이 나타난다. 내가 앱스토어에서 추가한 앱스가 미니홈피 제일 상단 [앱스토리] 영역에 보인다. 내 미니홈피를 방문하는 모든 사람이 볼 수 있는 자리이다.

이와 같은 동작을 여러 번 하고, [앱스토리]에 추가된 앱스를 확인해보자. 내 미니홈피에서 앱스토리 [더보기]를 선택한다. 네이트닷컴 앱스토어에서 내가 [자랑하기]로 선택한 '앱스'들이 나타난다.

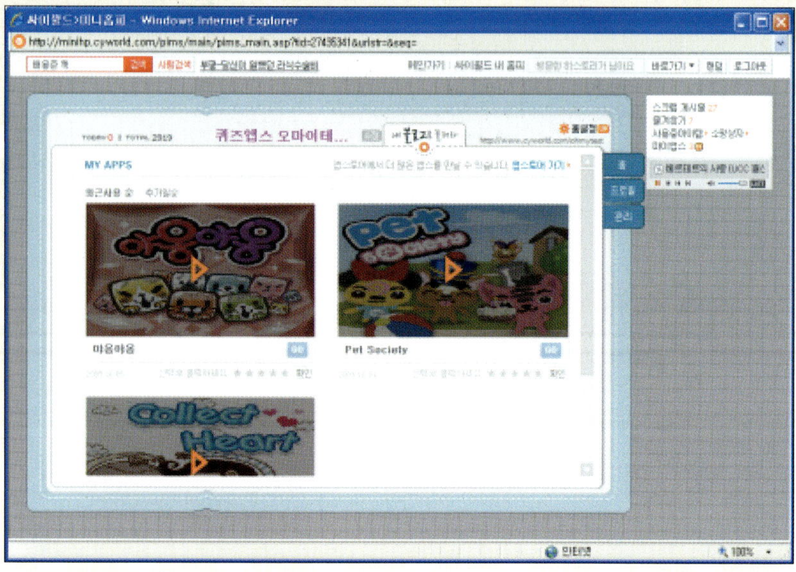

내 미니홈피에서 [앱스토리]를 확인 후, 앱스를 실행해보자. 앱스 이미지 가운데 화살표를 클릭하면 다음과 같이 나타난다. 이때 이미지 아래에 [GO] 버튼 이미지를 누르면 된다.

 초보자를 위한 네이트 앱스토어에서 앱스 만들기

미니홈피에서 앱스를 실행하면 앱스토어 페이지로 이동하게 된다. 여기서 다시 [게임시작]을 누르면 앱스가 시작된다.

02 앱스를 만들어보자.

자, 이제 앱스토어를 어떻게 사용하는지 방법을 알아봤다면 직접 만들어볼 차례이다. 컴맹일지라도, 컴퓨터 프로그램이라는 말만 들어도 손발이 오그라드는 초보일지라도 자신감 있게 기초부터 하나씩 차근차근 따라하면서 배워보자.

복잡한 컴퓨터 프로그래밍 언어를 몰라도 보는 대로 마우스를 움직여서 내 컴퓨터에 옮겨보자. 나도 어느덧 제대로 된 앱스 하나쯤은 개발할 수 있다.

다음에 소개하는 앱스 구성 요소들에 대한 이해를 통해 내가 만들려는 앱스에 필요한 요소를 구성해보자. 여기서 소개되는 모든 구성요소를 내가 만들려는 앱스에 모두 넣을 필요는 없다.

‥소개 페이지

소개페이지는 앱스를 이용하려는 이용자가 앱스토어에서 앱스를 추가할 것인가를 결정하기 전에 미리 앱스에 대해 알아보는 곳으로, 앱스에 대한 관련 정보를 담는다. 소개 페이지에는 앱스를 개발한 사람의 이메일 주소와 사이트 주소가 담긴다. 앱스 이름과 기본적인 앱스 사용법을 풀이해두어 이용자들이 앱스에 대해서 이해할 수 있도록 한다.

‥대표이미지

소개페이지에는 앱스의 대표이미지가 보이도록 해야하는데, 대표이미지를 적극 활용하여, 앱스를 살펴보는 이용자들에게 대표이미지만으로도 앱스를 통해 얻을 수 있는 경험을 예상할 수 있도록 도와주고, 이용자의 흥미와 관심을 자극하도록 한다.

[대표이미지]는 최대 3개까지 입력 가능한데, 이미지 1개는 필수 등록해야하고, jpg, gif 애니메이션뿐만 아니라 플래시 애니메이션도 입력 가능하다.

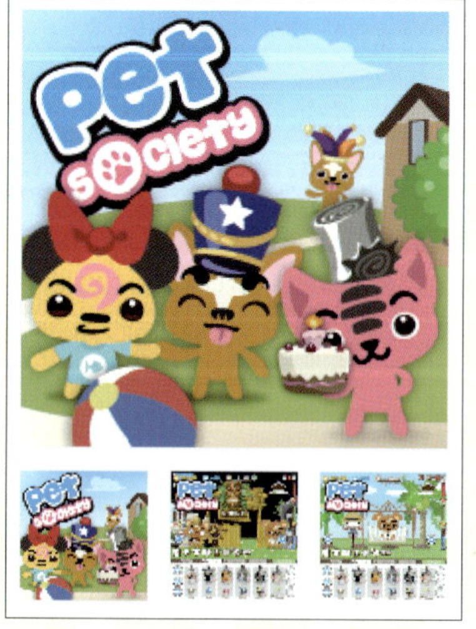

앱스 페이지에서 [앱스 추가]를 하지 않고 이용자가 '앱스'를 경험해볼 수 있도록 제공하는 기능으로, 앱스를 등록할 때, 소스 코드에서 'preview'로 등록한 소스가 동작한다. 앱스 개발자는 경우에 따라서 '체험하기' 기능이 필요하지 않을 경우 포함하지 않아도 된다. 다음 화면에서 [체험하기]를 선택해보자.

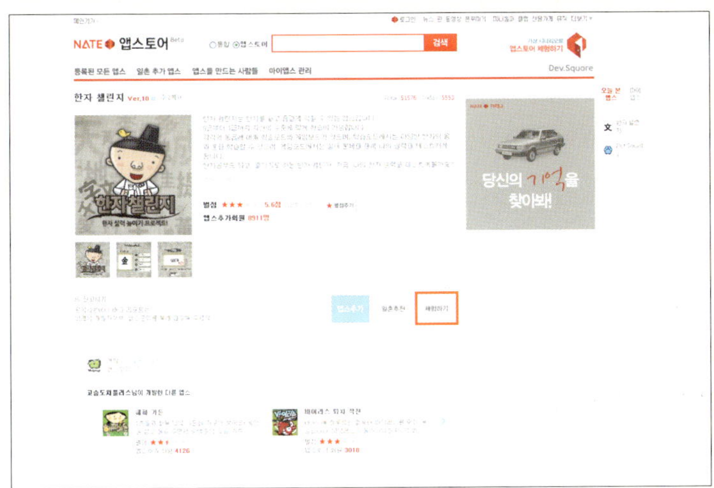

다음과 같이 [체험하기] 팝업창이 열리면서 기본적인 앱스 사용 예시가 나타났다. 이용자들은 본 이미지처럼 [체험하기]를 통해 앱스 추가 여부를 결정하게 된다.

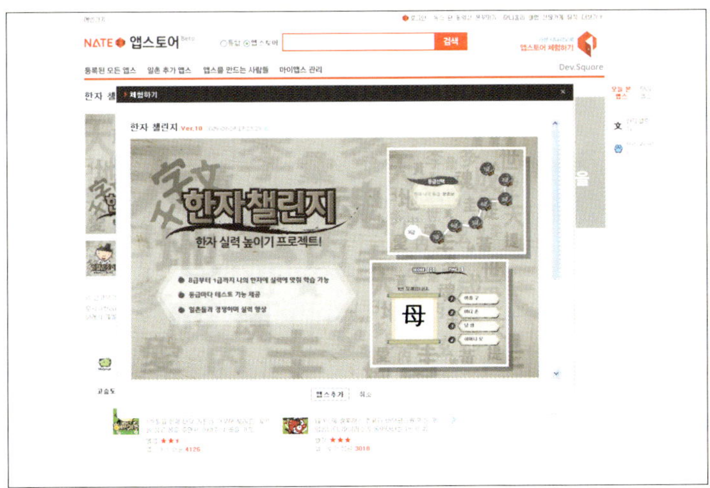

❷ 캔버스뷰 : 일촌에게 추천하기, 게시물로 저장하기

··캔버스뷰

캔버스뷰에서는 앱스 이용자가 앱스 컨텐츠를 활용할 수 있으며 앱스가 제공하는 기능을 확대시킬 수도 있으며, 이러한 동작을 한 페이지가 아니라 여러 페이지에 걸쳐 할 수 있다. 캔버스뷰 페이지 상단에는 네이트 GNB를 두고, 우측에는 앱스토어 관련 메뉴를 선택하는 기능을 보이게 한다. 캔버스뷰 내의 iframe 내에서 소스코드가 랜더링되는 방식으로 앱스뿐만 아니라 앱스 개발자가 이 부분에 광고를 제공할 수 있다. 단, 캔버스뷰에 보이는 광고는 반드시 광고 가이드에 따라서 이뤄져야 한다.

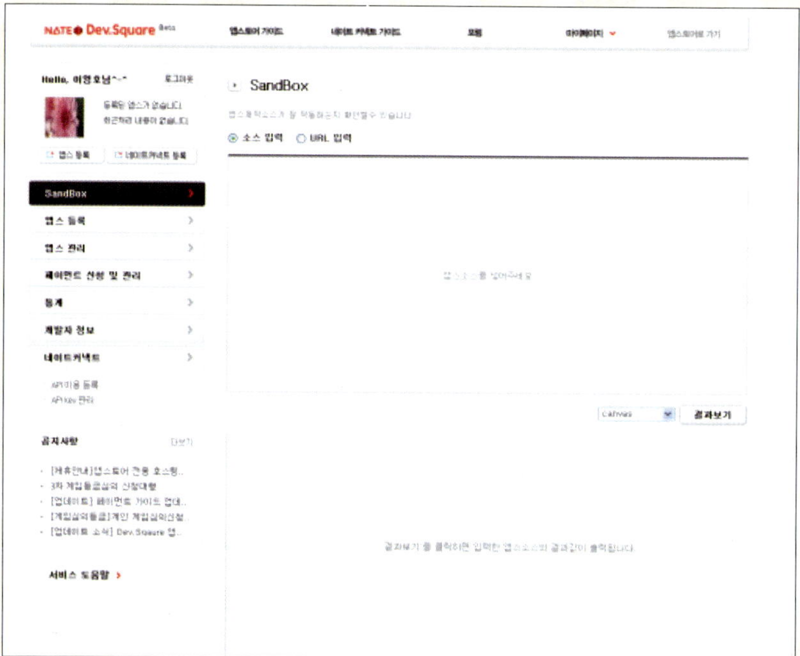

위의 캔버스뷰를 입력하고, 결과를 보면 하단 결과보기 영역에 나타난다.

앱스를 앱스토어에서 작동시켰을 경우, 다음 이미지와 같이 표현된다.

앱스 이용자는 자신에게 앱스를 추가하든지 안 하든지 무관하게 미니홈피 일촌관계의 사람들에게 모든 앱스를 추천할 수 있다. 아래 이미지에서 [일촌추천] 메뉴를 선택해보자.

[일촌추천] 팝업창이 나타났다. 추천하고자 하는 일촌을 선택하고 '추가'를 누르면 해당 일촌 이용자가 우측 창으로 넘어오며 작업이 완료된다.

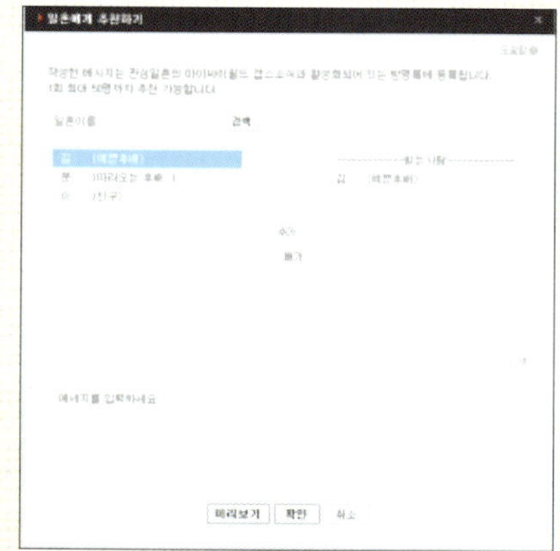

내가 선택한 앱스를 내 미니홈피 일촌관계의 사람들에게 추천기능을 통해 알리는 것으로, 아래 [미리보기]의 메시지가 전달된다. 일촌관계의 사람들끼리 관심 있는 앱스를 서로 공유할 수 있게 된다.

·· 게시물로 저장하기

앱스 이용자는 본인이 만든 앱스를 자신의 미니홈피에 저장할 수 있다. 앱스 결과 화면이나 앱스 내의 한 영역에서 '게시물로 저장하기' 버튼을 클릭하고, 나오는 값을 걸어두면, 앱스 등록 시에 'Canvas'에 등록하는 소스코드 가운데에서 '게시물로 저장하기'를 할 때 보내지는 HTML이 코드로 게시물에 저장되게 된다.

·· requestShareApp

앱스 이용자가 일촌에게 앱스를 추천하면, 추천 등을 한 행동에 대해서 앱스제공자는 앱스이용자에게 어떤 혜택(활동점수가 올라가거나, 선물을 받는 등)을 줄 수 있는 기능이다. 이러한 앱스 활용 기능을 앱스제공자가 앱스 추천하기 기능 등의 이름으로 캔버스뷰 내에 적용할 수 있다.

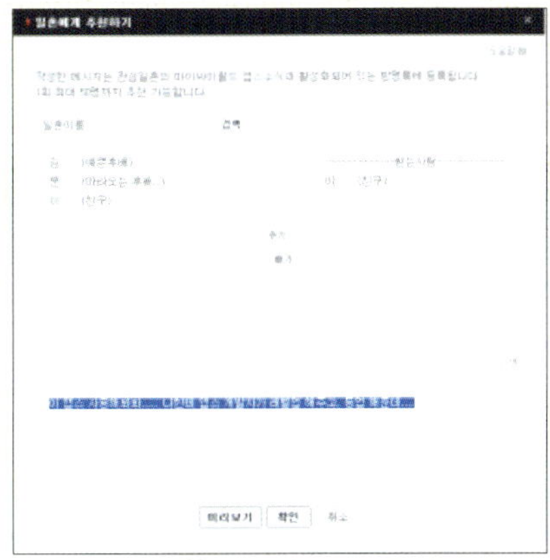

❸ 미니홈피 : 숏컷, 앱스토리, 마이앱스

··미니홈피

앱스토어와 연동되는 싸이월드 미니홈피를 통해 앱스 이용자를 다양하게 여러 가지로 표현할수 있다. 앱스를 추가한 이용자가 자신의 앱스 활동결과를 자랑할 수 있는 공간이기도 하다.미니홈피에서 앱스를 이용할 수 있는 방법을 소개한다.

앱스토어에서 관심있는 앱스를 선택하고, [일촌추천]을 선택하면 초대할 1촌을 고르게 된다. 이경우, 내 미니홈피의 '게시판' 메뉴를 사용해야 하는데, 게시판을 사용하고 있지 않을 경우, 게시판을 사용할 것인지 다시 묻는다. [게시판 메뉴 사용]을 선택하면, 아래 이미지와 같은 팝업창이 뜬다.

 초보자를 위한 **네이트 앱스토어에서 앱스 만들기**

미니홈피로 앱스를 가져가면서 앱스에 대한 설명과 이름을 적어둔다.

빈칸을 채우면 내 미니홈피로 해당 앱스가 이동되었음을 알려주고 [확인]할 것인지 묻는다.
[확인]을 눌러서 내 미니홈피로 가보자. 내 미니홈피에 게시판 메뉴가 생성되었으며, 가져온
앱스가 보인다.

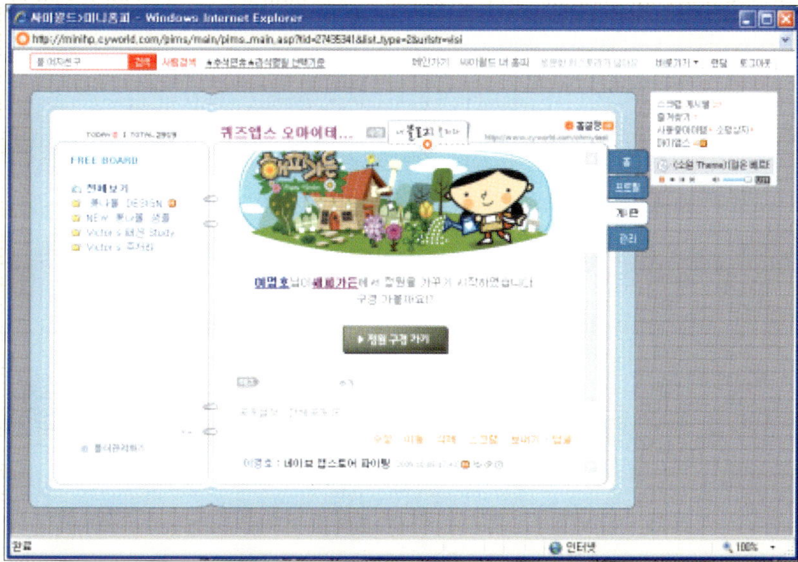

내 미니홈피를 방문하는 모든 방문자들은 내가 가져온 앱스를 볼 수 있고, 내 미니홈피에서 실행을 해볼 수도 있다. 내 미니홈피에서 대문 설정을 해서 앱스가 보이는 위치를 설정할 수 있다. [관리] 메뉴를 선택하고 [홈설정]을 선택하면, 마우스를 클릭해서 손쉽게 대문 위치를 바꿀 수 있다.

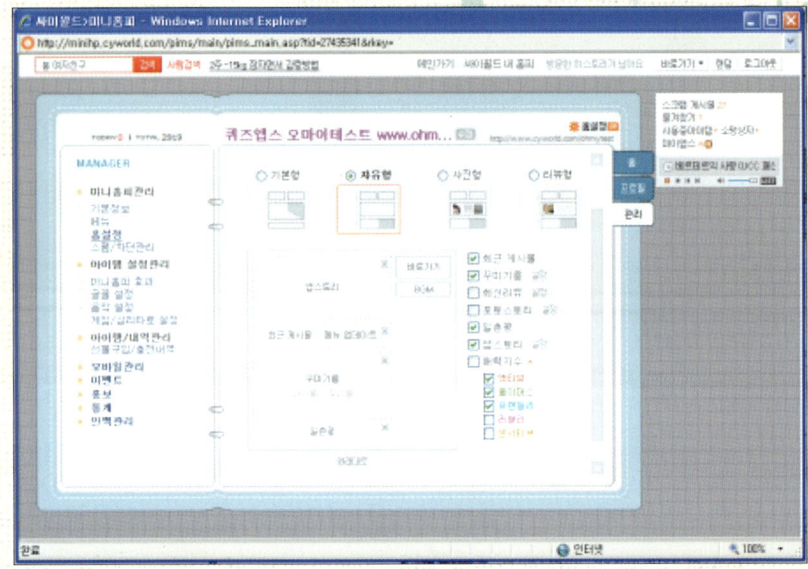

·· 숏컷

앱스를 등록할 때, 소스코드에서 'profile'로 등록한 소스가 랜더링되어 보이는 공간의 명칭을 '숏컷'이라고 한다. 숏컷에서 보이는 정보는 앱스 이용자가 누구인지 구체화할 수 있는 것이거나 이용자의 앱스 활동 후의 결과를 나타내야 한다.

물론, 미니홈피 주인으로서의 이용자와 미니홈피 방문자가 보는 앱스 내용이 다를 수 있지만, 이 경우에도 미니홈피 주인에게만 보이는 정보를 미니홈피 방문자까지 볼 수 있게 제공하면 안 된다. 숏컷 영역은 아래 이미지에서 내 미니홈피 앱스토리 영역에 표시되는 앱스 영역을 말한다.

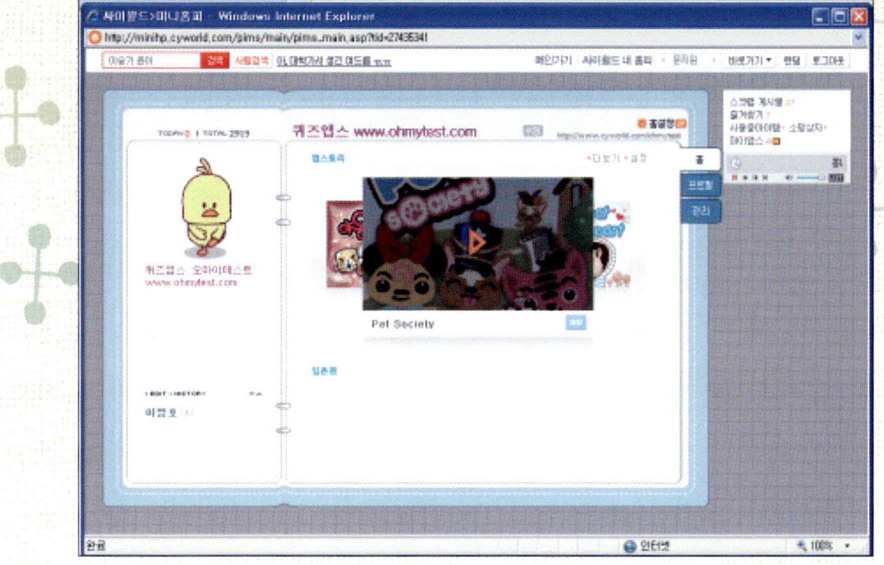

··앱스토리

앱스토리는 미니홈피 홈에서 각 앱스의 숏컷이 모여 방문자들에게 보이는 영역을 말하는 것으로, 프로파일 박스(profile box)에 속한다. 앱스 이용자가 자신의 미니홈피 메뉴에서 앱스토리에 공개하기로 한 앱스에 한하여 가장 최근에 추가한 앱스를 먼저 보이고, 나중 것을 순서대로 보인다.

· · 마이앱스

앱스 이용자가 앱스토어에서 선택하고 추가한 앱스를 관리하는 페이지이며, [마이앱스]는 앱스토어와 싸이월드 미니홈피에 각각 나타난다. 앱스토어의 마이앱스는 개인에게 맞춰진 기능으로 '관리' 페이지를 말한다.

미니홈피에 있는 마이앱스는 미니홈피를 방문한 방문자라면 누구에게라도 상관없이 미니홈피의 주인이 추가한 앱스가 보이는 공개 영역이다.

❹ 앱스 소식 : 앱스추가 알림, 앱스추천 알림, 앱스정보 알림

··앱스소식

앱스에 관련된 다양한 소식을 알려주는 곳으로, 마이싸이월드와 마이네이트에서 확인 가능하다. [앱스소식]에서는 [앱스추가 알림], [앱스 추천알림], [앱스 정보 알림] 등을 볼 수 있다. 앱스 이용자가 앱스를 추가할 때, '일촌에게 추천하기' 등을 선택할 경우, 앱스이용자의 일촌들에게 이용자가 앱스를 추천한 소식 등이 [앱스알림]에 보내진다.

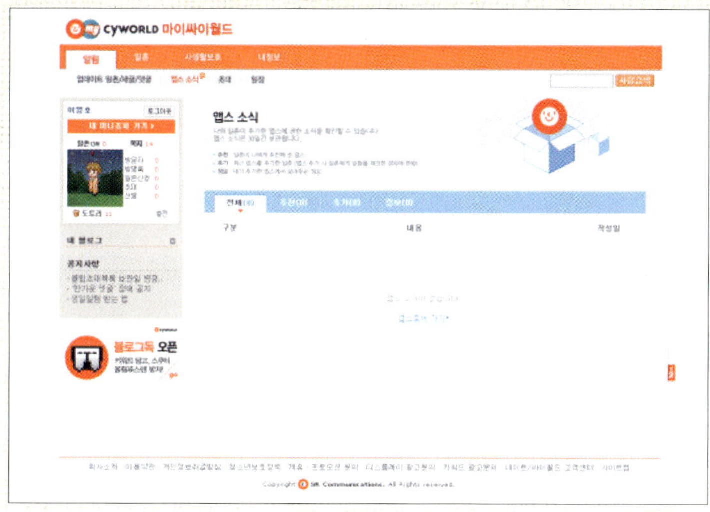

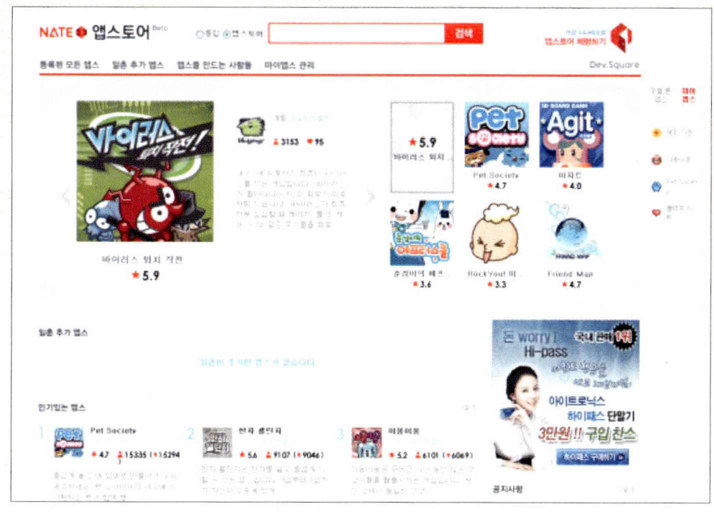

앱스 소개 페이지와 캔버스뷰에 있는 '추천하기'를 통해, 이용자는 본인의 일촌들에게 앱스를 추천할 수 있다. 그리고, 앱스 이용자의 추천메시지는 앱스소식과 함께 일촌들의 미니홈피 방명록에도 등록된다.

'앱스정보 알림'이란 **앱스 개발자가 OpenSocial Activities 활용을 통해 보내는 [알림] 기능**으로써, 소스 기능으로 'Feeds'라고도 한다. 앱스 정보가 새롭게 갱신될 때마다 보내지게 할 수도 있고, 앱스 기능 안에서 앱스 이용자가 일촌들에게 특정한 메시지를 보낼 수 있도록 앱스를 개발할 때 설정할 수도 있다.

❻ 앱스 개발 원칙[출처: devsquare.nate.com/appstore/principle]

··좋은 경험으로 좋은 인상 남기기

쉽고 간단함을 늘 유지하세요.

처음부터 어렵고 복잡하게 다가가면 이용자는 앱스에서 이탈하거나 혼란을 느낍니다. 쉽고 간단함을 유지하면서 이용자의 흥미를 계속해서 유발시켜야 해요.

자신을 투영할 수 있는 요소가 배치되어야 합니다.

이용자는 자신을 표현하는 것에 익숙하며 흥미를 느낍니다. 작은 요소라도 나와 관련된 정보를 활용하고, 표현할 수 있도록 연계할 수 있는 요소들을 배치하세요. 취미나 취향을 나타낼 수 있는 것이나 타인이 생각하는 나에 대한 설문조사 같은 것도 좋습니다.

강요하지 마세요. 자발적으로 쓰고 싶도록 만드세요.

앱스는 강제성을 배제하고 이용자의 사용패턴과 소리에 귀기울여 서비스를 제공함을 원칙으로 합니다. 이용자들의 사용패턴을 분석하고 그들이 원하는, 좋아할 만한 앱스를 제작하세요. 앱스토어 어플리케이션 플랫폼에는 싸이월드의 일촌이라는 막강한 네트워크가 이미 구축되어 있기 때문에 한 명만 만족하여도 1인 평균 일촌수인 30명에게 퍼져 나갈 수 있습니다. 좋은 앱스는 앱스토어 어플리케이션 플랫폼을 통해 급속도로 입소문을 타고 성공할 수 있을 것입니다.

재미있고 유쾌하게 단 자극적이지 않게

조금이라도 지루하면 유저들은 금방 싫증을 느끼고 다시 방문하지 않을 것입니다. 계속해서 흥미를 불러일으킬만 한 요소를 곳곳에 배치하여 오랜 시간 앱스에 머물도록 하세요. 한번 쓰고 마는 것이 아니라 지속적으로 방문하여 쓰고 싶게 만드는 앱스야말로 좋은 앱스입니다. 단, 미풍양속을 해치고 자극적인 앱스는 클린 인터넷 문화에 해를 끼치고 십대와 어린이들의 성장에 악영향을 끼칠 수 있으니 자제해 주세요.

·· 함께 즐길 수 있도록

자연스럽게 일촌과 연결시키세요.

이용자가 앱스를 이용함에 번거롭지 않도록 자동화 시스템을 구축하여 자랑하고픈 소식을 쉽게 알릴 수 있게 하고 함께 참여할 수 있도록 제작하세요. 또한, 앱스토어 어플리케이션 플랫폼에서만 제공하는 이 게시물로 저장하기(링크) AP를 앱스 적재적소에 배치하여 미니홈피를 통해 앱스가 유통될 수 있는 기회를 잡으세요. 앱스토어 어플리케이션 플랫폼에서는 일촌추천이라는 싸이월드의 미니홈피 방명록에 이용자가 직접 일촌에게 앱스 소개할 수 있는 기능을 모든 앱스 소개페이지/캔버스뷰에서 제공해 드립니다.

함께 하면 더 짜릿한

혼자서 하는 것보다 여럿이서 같이 하면 순위나 등급을 두고 경쟁하면서 높은 점수를 획득하면 짜릿함을 느끼고 그것 또한 하나의 이야깃거리로 작용하여 앱스를 더욱 흥미롭게 느끼도록 만들어 줍니다. 앱스토어 어플리케이션 플랫폼에서는 앱스의 활동을 자랑할 수 있는 앱스토리를 제공합니다. 앱스 제작 시 숏컷을 제작하여 앱스토리 내에서 자랑할 수 있게 하세요.

새로운 친구를 만들 수 있는 기회를 만들어 주세요.

앱스를 통해 같은 취향의 이용자들이 만나 새로운 네트워크를 형성할 수 있는 기회를 제공해 주세요. 그리고 이용자들이 앱스에 대해 나눌 수 있는 이야깃거리를 만들어주세요. 앱스를 통해 새로운 네트워크가 형성되면 더욱 적극적으로 그 앱스를 사용하고 앱스를 쓰지 않는 이용자에게는 신뢰성을 갖는 정보로, 또 하나의 흥미 요소로 다가갈 것입니다.

·· 안전하게, 유용하게

개인 정보를 보호해 주세요.

앱스토어 어플리케이션 플랫폼은 미니홈피가 속해 있고, 그 안에는 사생활 보호가 필요한 정보들이 저장되어 있습니다. 또한, 일촌이라는 오프라인 인맥이 기반인 네트워크가 존재하기 때문에 사생활 보호는 유저들이 무척 민감하게 생각하는 부분입니다. 그러므로, 사생활 보호는 꼭 기본적으로 철저하게 지켜져야 합니다. 개인의 사생활을 침해하는 앱스를 제작하거나 앱스토어 어플리케이션 플랫폼에서 제작을 금하는 앱스를 제작, 혹은 열람권한을 부여받은 개인 정보를 앱스 외의 다른 용도로 사용하게 되면, 엄중하게 법적 책임을 묻게 되어 있으니 이 점 유념해 주시기 바랍니다.

안정된 기능과 빠른 속도, 깔끔하고 직관적인 디자인

느린 앱스는 서비스 이탈을 유도하며, 많은 버그는 사용에 불편함을 주어 다시 재방문하지 않게 만드는 부정적인 요소입니다. 또한 복잡하고 이해하기 어려운 디자인은 이용자를 혼란스럽고 불쾌하게 만듭니다. 안정된 기능과 빠른 속도와 디버깅, 그리고 깔끔하면서 직관적인 디자인은 웰 메이드 앱스가 되기 위해 기본적으로 갖추어야 할 요소입니다. 이용자가 최소한 앱스를 이해하고 쓰는 데 있어 불편함이 없어야겠습니다.

실생활과 연결되고, 유용할수록

실제 생활에 도움이 된다면 이용자는 그 앱스를 꼭 쓰게 되어 있습니다. 앱스가 자신의 실제 삶과 연결되어 그 삶이 더 편해지고 재미있어진다면 아주 높은 재방문율과 만족도로 이어질 것입니다. 오프라인 인맥의 관리를 도울 수 있는 앱스나 라이프로깅에 도움이 되는 앱스는 이용자에게 좋은 반응을 얻을 수 있을 것입니다.

 초보자를 위한 네이트 앱스토어에서 앱스 만들기

··절대 제공해서는 안되는 기능

아울러 앱스 제작 시, 아래와 같은 기능을 만들어서는 안 됩니다.

> ① 사용자 아이디와 비밀번호를 요구하거나 수집하는 기능
> ② 앱스를 보다 많이 노출시킬 목적으로 의미없는 액션을 기계적으로 반복하는 행위
> ③ 지적재산권이 있는 컨텐츠를 저작자 동의없이 앱스 제작에 이용 또는 배포하는 행위
> ④ 방문자 추적, 사생활정보 수집과 같은 싸이월드에서 금지하는 기능
> ⑤ 네이트서비스이용약관과 싸이월드 이용약관에 어긋나는 기능

금지하는 기능을 제공하는 앱스는 검수 단계에서 반려될 것이고, 만약 서비스되고 있는 앱스에서 다음과 같은 기능이 제공되고 있음을 발견하게 되면, 앱스토어 운영자에 의해 임의 조치되며, 앱스제공자는 앱스토어 앱스제공자 이용 약관에 따라 서비스 이용에 제한을 받을 수 있습니다.

03 앱스 따라하기

네이트 앱스를 직접 만들어보자. 이해를 돕기 위해 필자가 준비한 네이트닷컴 앱스 제작 과정을 공개한다. 스토리보드 작성부터 플래시 및 액션스크립트 등의 기본적인 프로그래밍 언어를 사용하여 네이트 앱스를 만들어보는 과정이다. 네이트 앱스 '수능막장영단어'는 대학수학능력평가(수능)를 준비하는 모든 수험생들을 위해 외국어영역에 사용되는 빈도가 높은 영어단어를 정리, 네이트 앱스를 통해 즐기면서 자연스러운 학습을 할 수 있도록 지원한다.

※본 네이트 앱스 '수능막장영단어'는 필자와 앱스 개발 전문업체인 나우로인터내셔널(주)www.nawooro.com가 공동으로 준비했다.

완성된 [수능막장영단어]에 대한 자세한 사용법은 네이트닷컴 앱스토어(http://appstore.nate.com)에서 볼 수 있다.

〈슬라이드 1〉

〈슬라이드 2〉

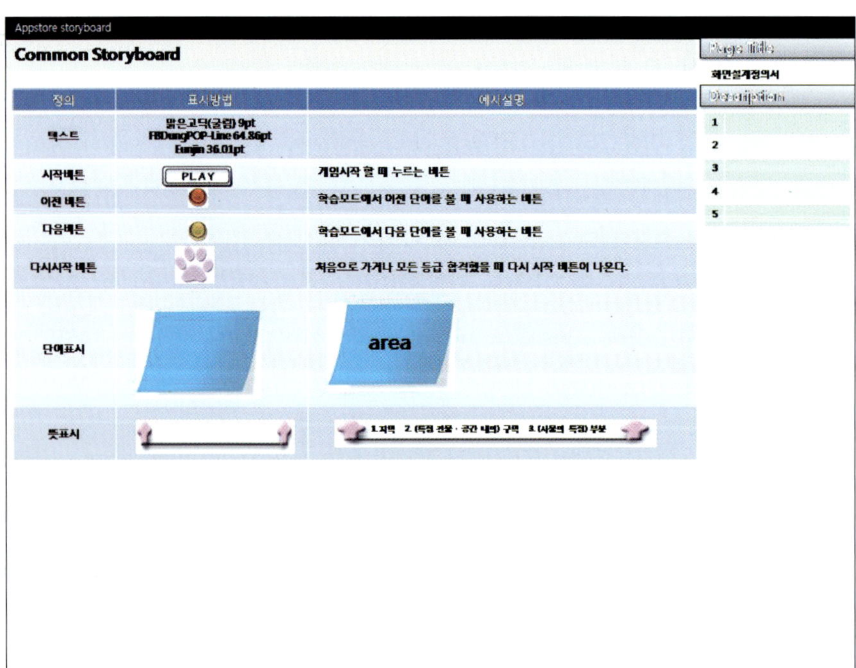

Appstore storyboard

Common Storyboard

Player Title

화면설계정의서

Description

정의	표시방법	예시설명
텍스트	맑은고딕(굴림) 9pt FBDungPOP-Line 64.86pt Eunjin 36.01pt	
시작버튼	PLAY	게임시작 할 때 누르는 버튼
이전 버튼		학습모드에서 이전 단어를 볼 때 사용하는 버튼
다음버튼		학습모드에서 다음 단어를 볼 때 사용하는 버튼
다시시작 버튼		처음으로 가거나 모든 등급 합격했을 때 다시 시작 버튼이 나온다.
단어표시		area
뜻표시		1.자막 2.(특징 건물ㆍ공간 내변) 구역 3.(사물의 특징) 부분

Description
1
2
3
4
5

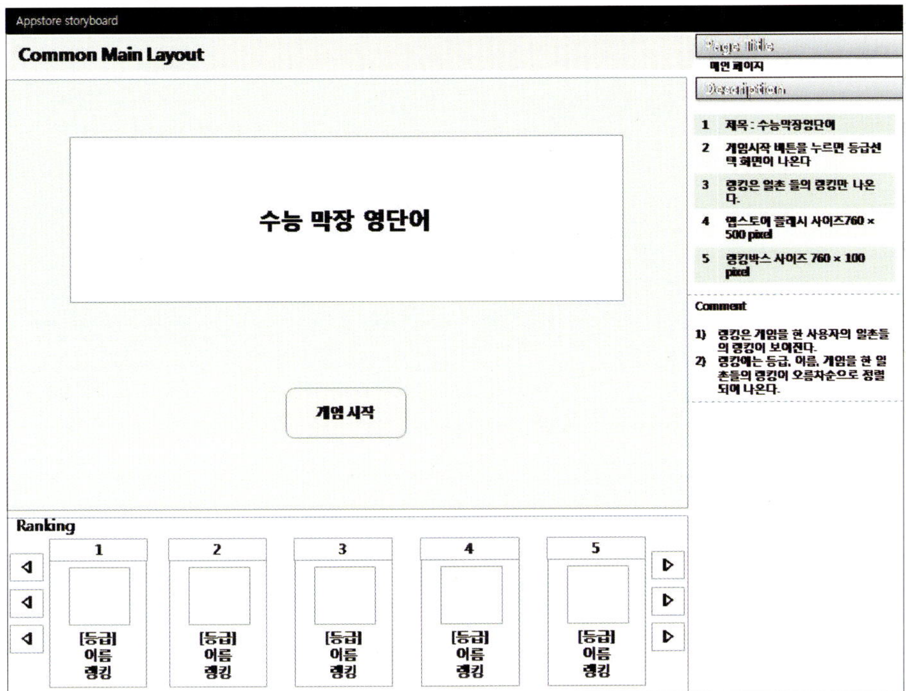

랭킹은 게임을 한 사용자의 일촌들의 랭킹이 보여진다. 랭킹에는 등급, 이름, 게임을 한 일촌들의 랭킹이 오름차순으로 정렬되어 나온다.

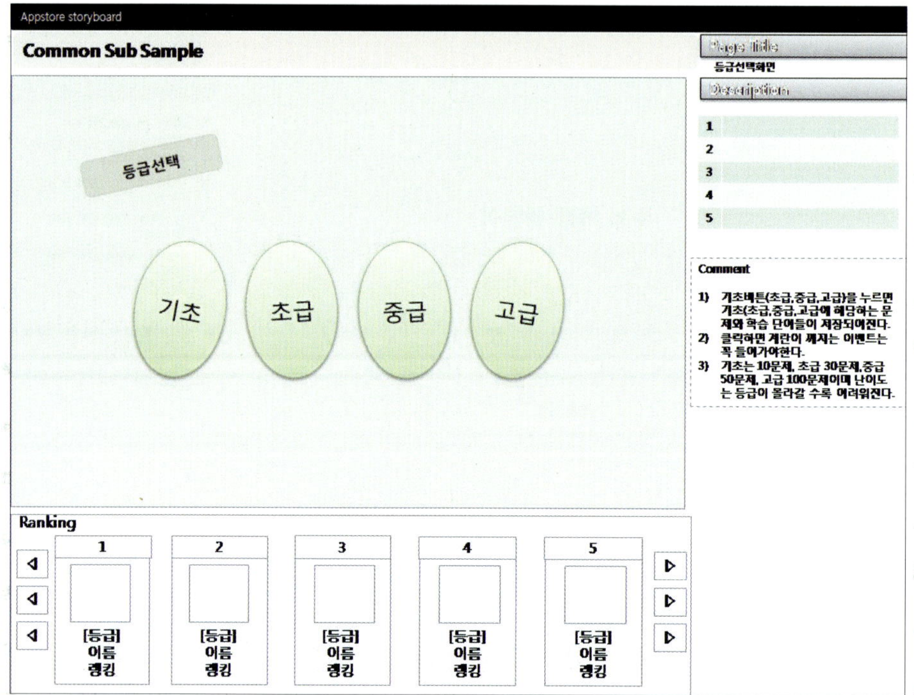

기초버튼(초급, 중급, 고급)을 누르면 기초(초급, 중급, 고급에 해당하는 문제와 학습 단어들이 저장되어진다. 클릭하면 계란이 깨지는 이벤트는 꼭 들어가야 한다. 기초는 10문제, 초급 30문제, 중급 50문제, 고급 100문제이며 난이도는 등급이 올라갈수록 어려워진다.

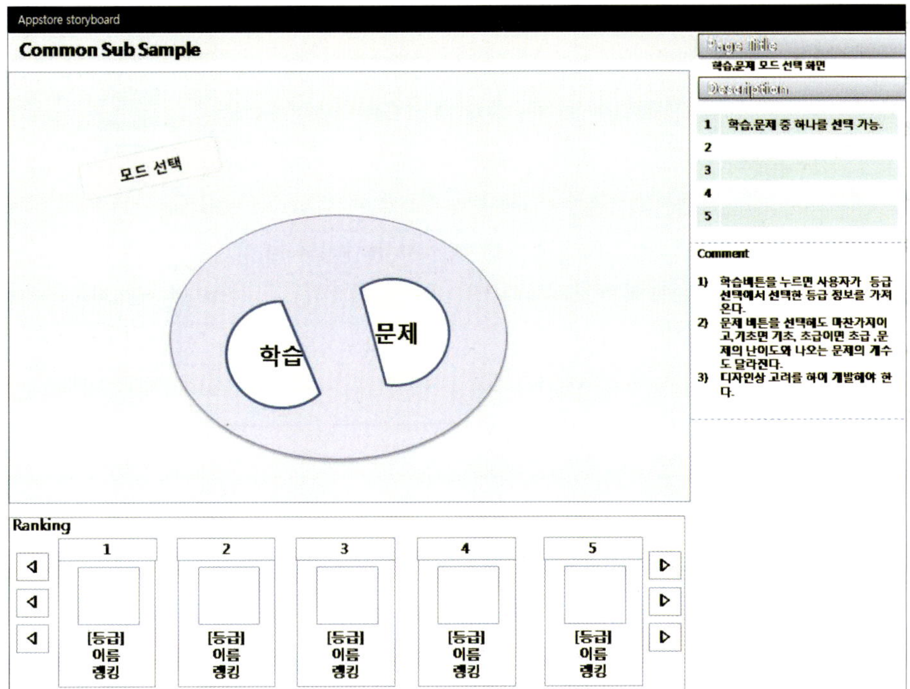

학습버튼을 누르면 사용자가 등급선택에서 선택한 등급 정보를 가져온다. 문제 버튼을 선택해도 마찬가지이고, 기초면 기초, 초급이면 초급, 문제의 난이도와 나오는 문제의 개수도 달라진다. 디자인을 고려하여 개발해야 한다.

<슬라이드 6>

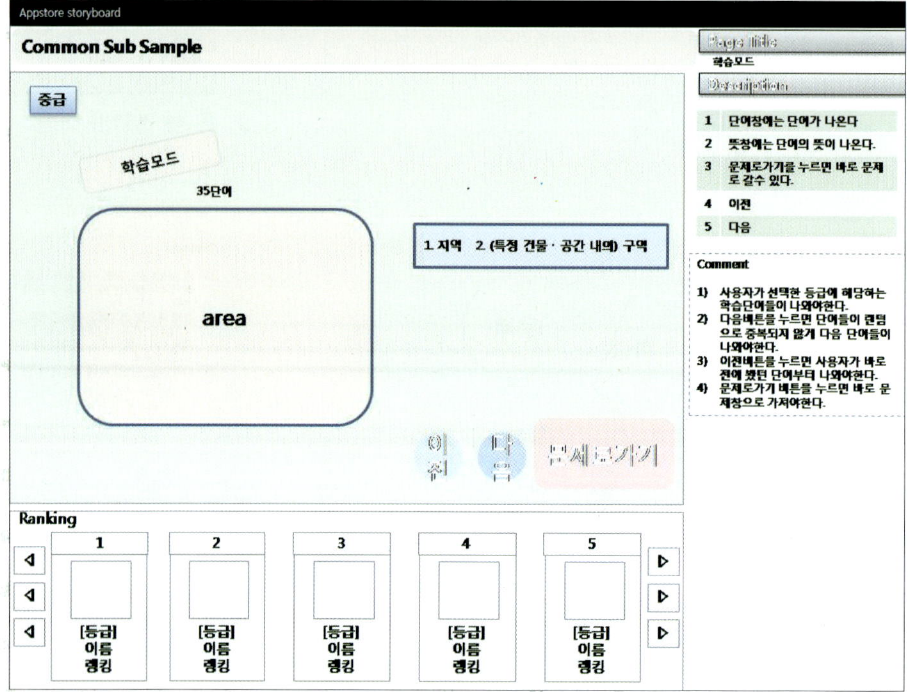

사용자가 선택한 등급에 해당하는 학습단어들이 나와야 한다. 다음 버튼을 누르면 단어들이 랜덤으로 중복되지 않게 다음 단어들이 나와야 한다. 이전 버튼을 누르면 사용자가 바로 전에 봤던 단어부터 나와야 한다. 문제로 가기 버튼을 누르면 바로 문제 창으로 가져야 한다.

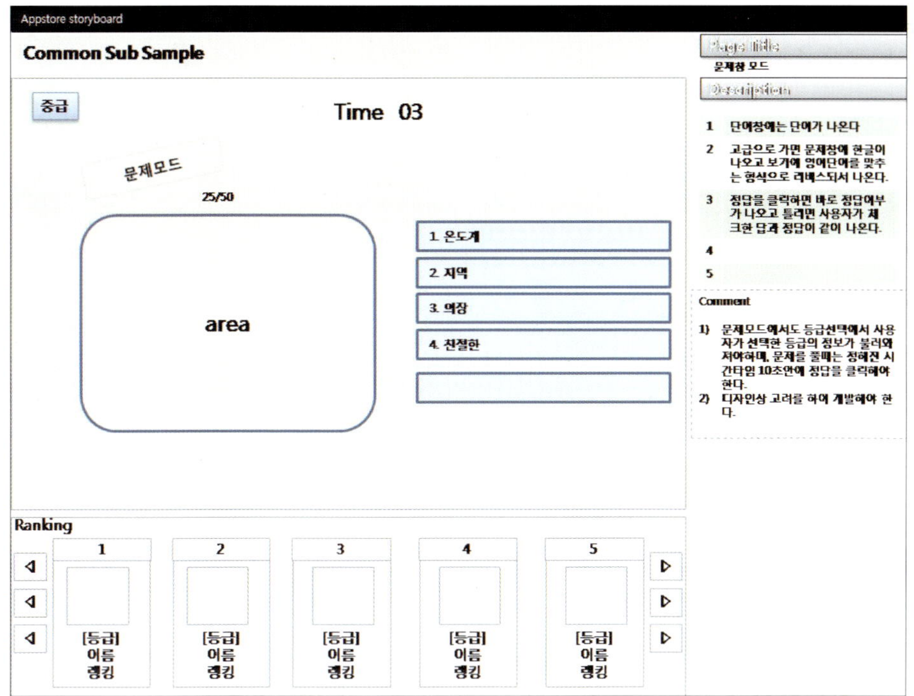

문제모드에서도 등급선택에서 사용자가 선택한 등급의 정보가 불러와져야 하며, 문제를 풀 때는 정해진 시간타임 10초 안에 정답을 클릭해야 한다. 디자인을 고려하여 개발해야 한다.

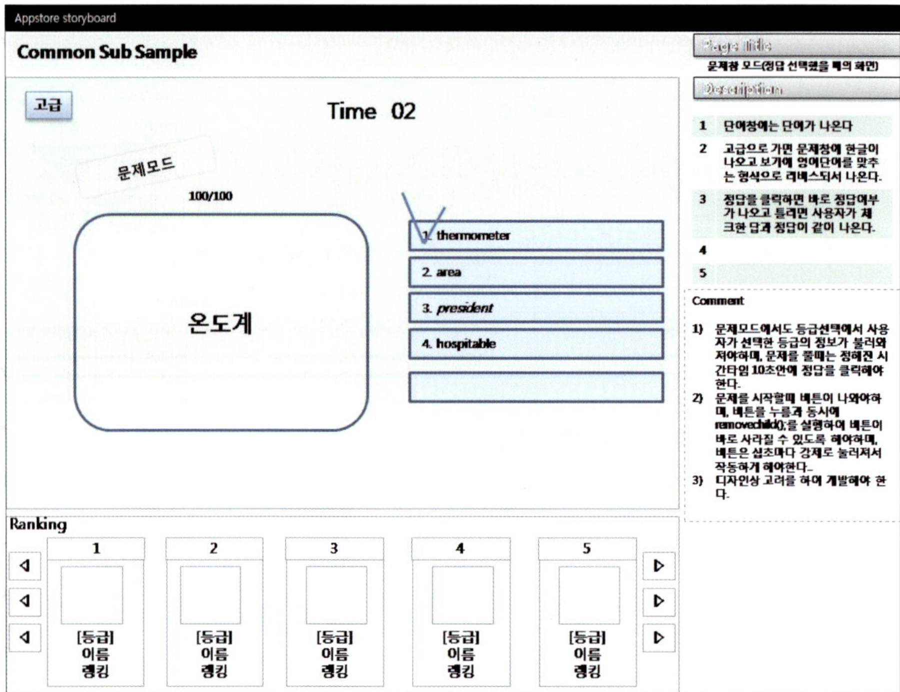

문제모드에서도 등급선택에서 사용자가 선택한 등급의 정보가 불러와져야 하며, 문제를 풀 때는 정해진 시간타임 10초 안에 정답을 클릭해야 한다. 문제를 시작할 때 버튼이 나와야 하며, 버튼을 누름과 동시에 removechild();를 실행하여 버튼이 바로 사라질 수 있도록 해야 하며, 버튼은 십초마다 강제로 눌러져서 작동하게 해야 한다. 디자인을 고려하여 개발해야 한다.

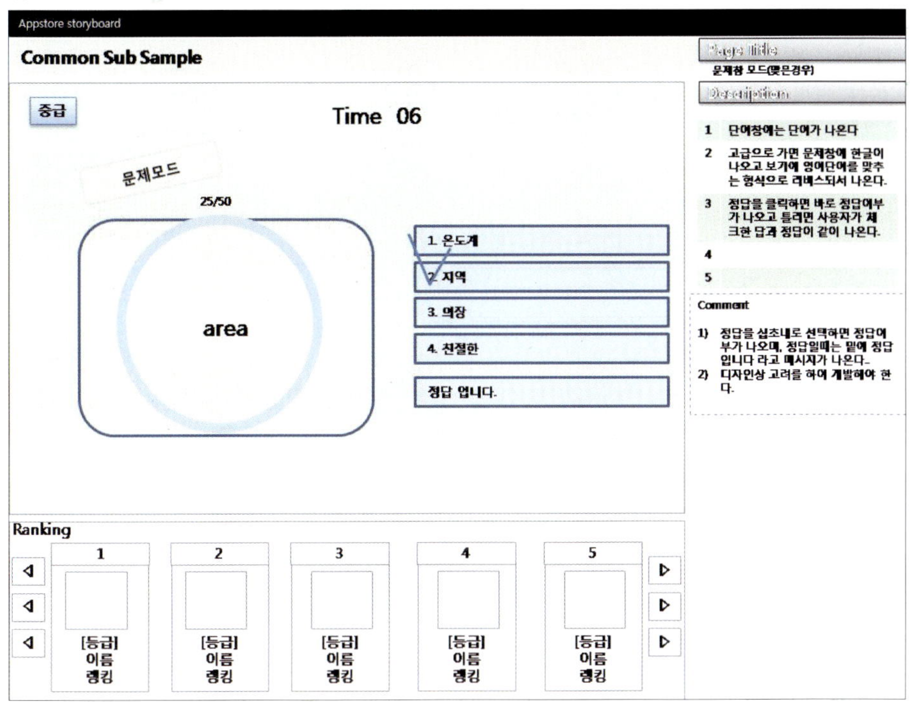

정답을 10초 내로 선택하면 정답여부가 나오며, 정답일 때는 밑에 정답입니다 라고 메시지가 나온다. 디자인을 고려하여 개발해야 한다.

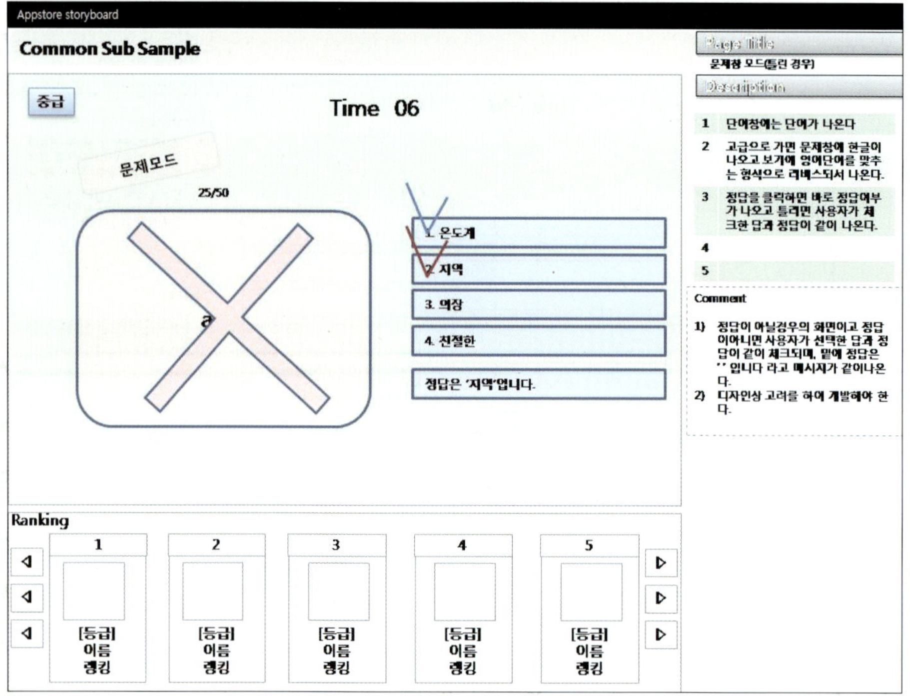

정답이 아닐 경우의 화면이고 정답이 아니면 사용자가 선택한 답과 정답이 같이 체크되며, 밑에 '정답은 ' ' 입니다'라고 메시지가 나온다. 디자인을 고려하여 개발해야 한다.

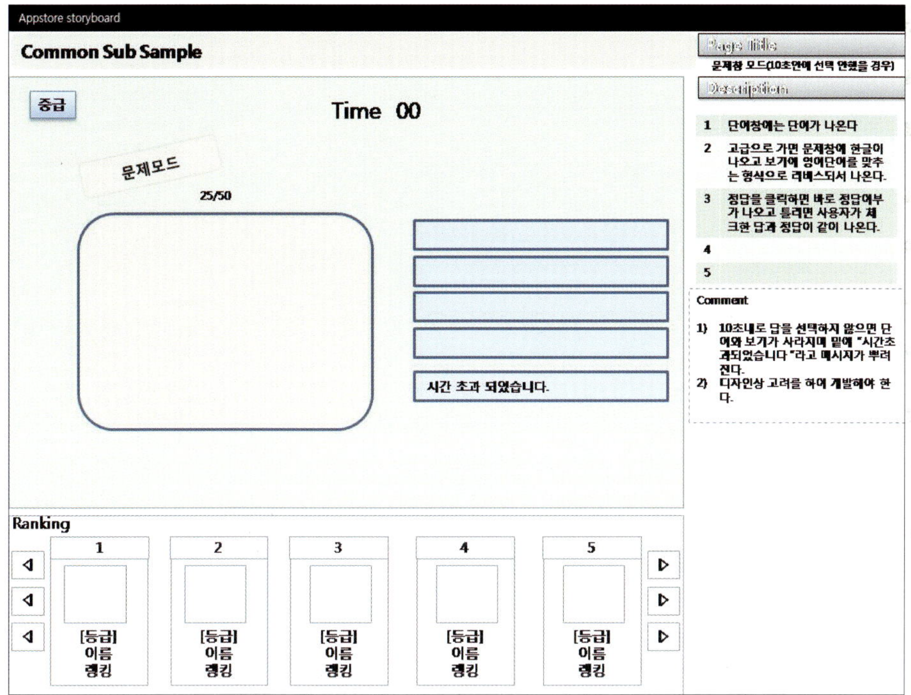

10초 내로 답을 선택하지 않으면 단어와 보기가 사라지며 밑에 "시간 초과 되었습니다" 라고 메시지가 뿌려진다. 디자인을 고려하여 개발해야 한다.

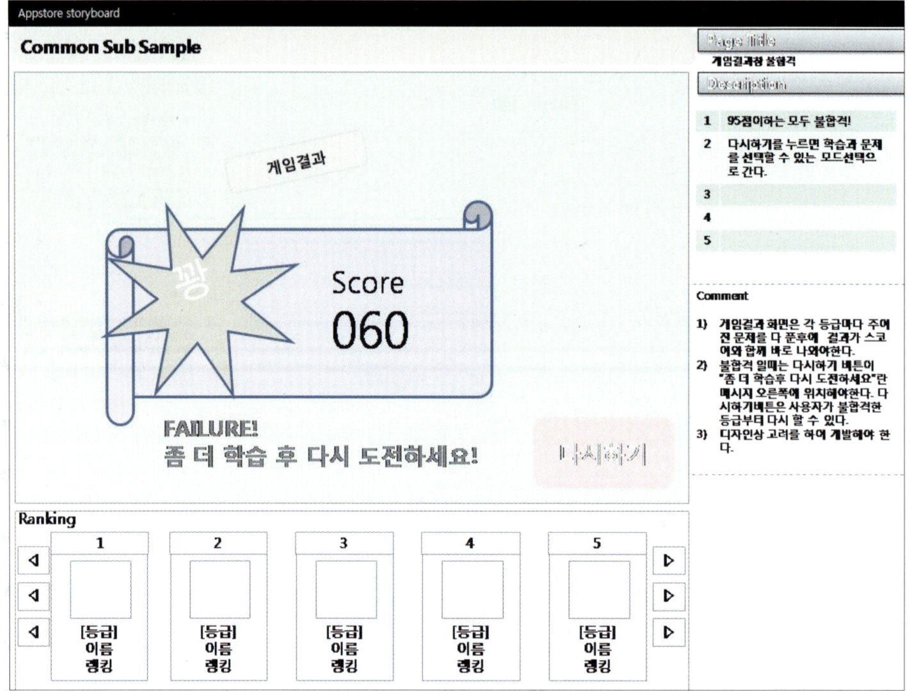

게임 결과 화면은 각 등급마다 주어진 문제를 다 푼 후에 결과가 스코어와 함께 바로 나와야 한다. 불합격일 때는 다시하기 버튼이 "좀 더 학습 후 다시 도전하세요"란 메시지 오른쪽에 위치해야 한다. 다시하기 버튼은 사용자가 불합격한 등급부터 다시 할 수 있다. 디자인을 고려하여 개발해야 한다.

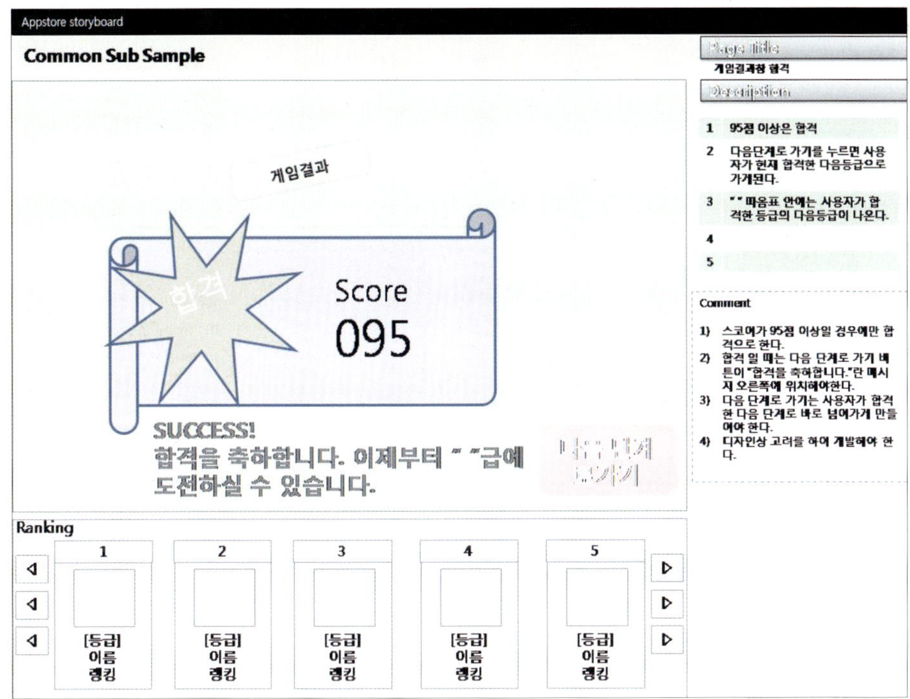

스코어가 95점 이상일 경우에만 합격으로 한다. 합격일 때는 다음 단계로 가기 버튼이 "합격을 축하합니다."란 메시지 오른쪽에 위치해야 한다. 다음 단계로 가기는 사용자가 합격한 다음 단계로 바로 넘어가게 만들어야 한다. 디자인을 고려하여 개발해야 한다.

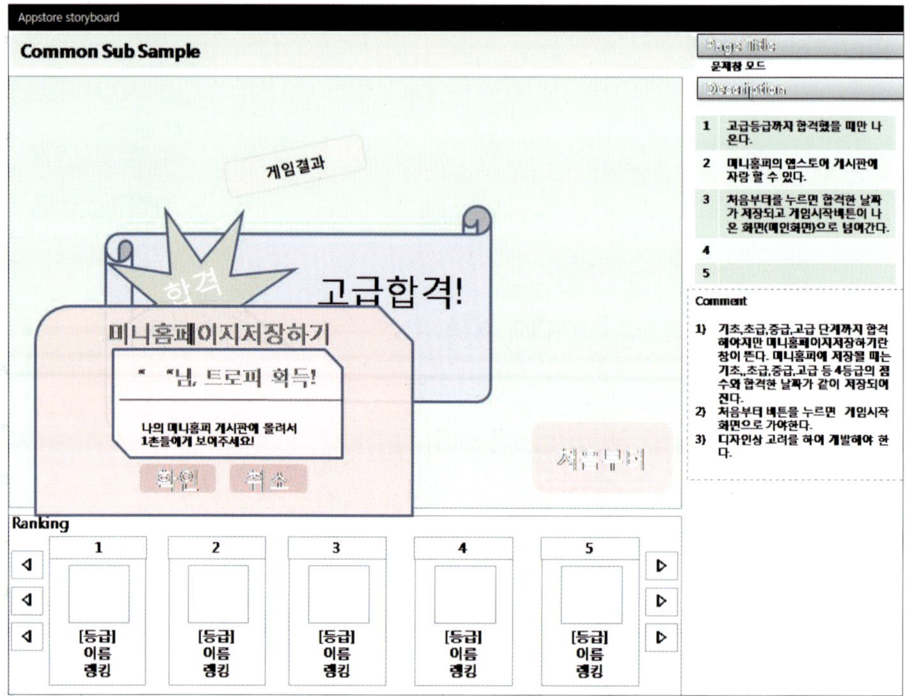

기초, 초급, 중급, 고급 단계까지 합격해야지만 미니홈페이지저장하기란 창이 뜬다. 미니홈피에 저장될 때는 기초, 초급, 중급, 고급 등 4등급의 점수와 합격한 날짜가 같이 저장되어진다. 처음부터 버튼을 누르면 게임시작화면으로 가야 한다. 디자인을 고려하여 개발해야 한다.

 초보자를 위한 네이트 앱스토어에서 앱스 만들기

❷ 앱스 따라하기

다음은 네이트 앱스 만들기 과정에서 '스토리보드'를 완료한 이후, 플래시, 자바스크립트, 액션
스크립트, 포토샵 등을 활용하여 앱스를 만드는 과정이다. 각 단계별로 이미지 준비 과정과 그
에 해당되는 코드를 설명했다.

〈슬라이드 1〉

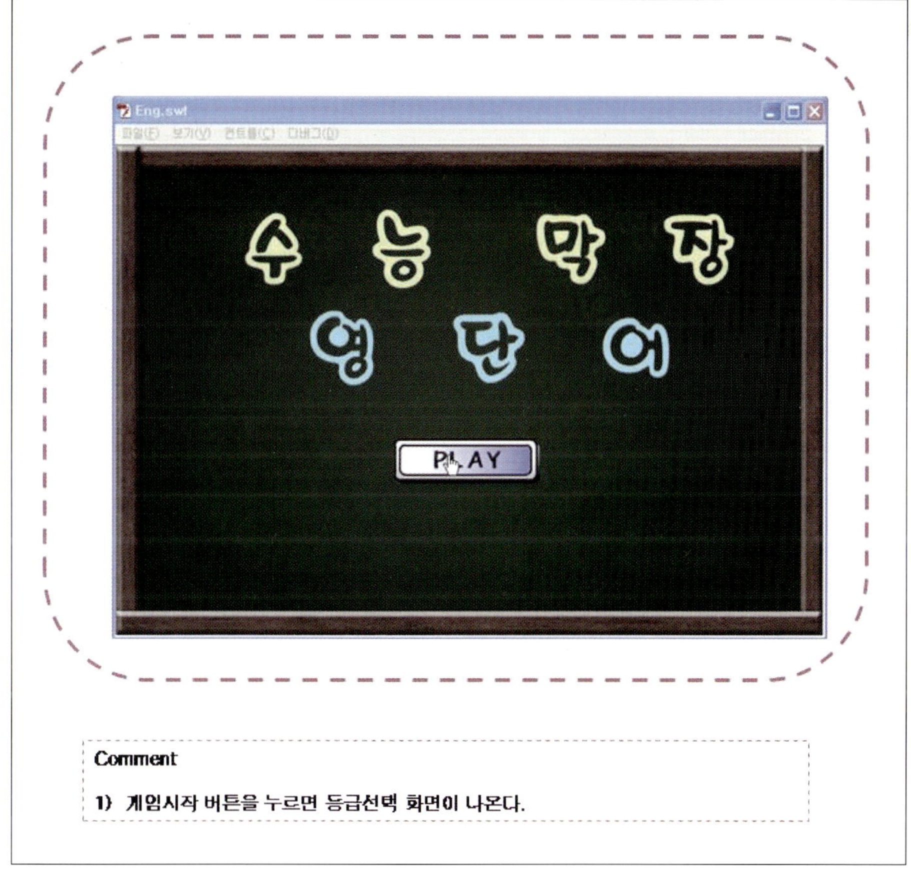

Comment

1) 게임시작 버튼을 누르면 등급선택 화면이 나온다.

게임시작 버튼을 누르면 등급선택 화면이 나온다.

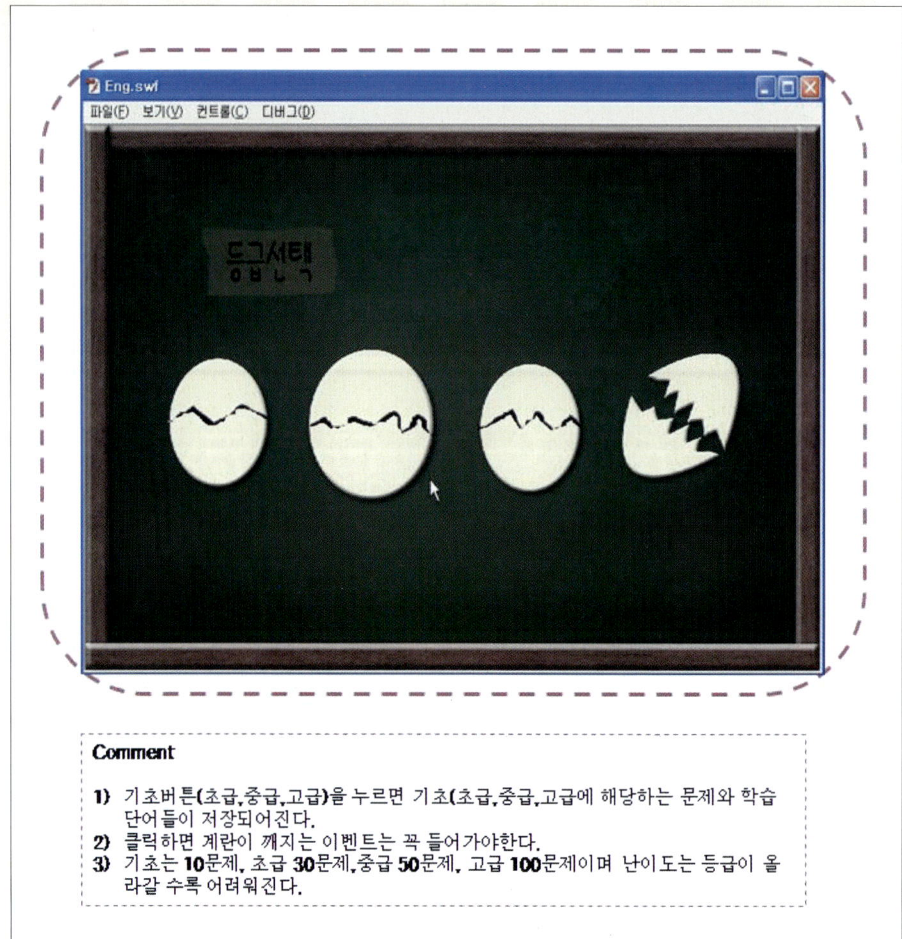

Comment

1) 기초버튼(초급,중급,고급)을 누르면 기초(초급,중급,고급에 해당하는 문제와 학습 단어들이 저장되어진다.
2) 클릭 하면 계란이 깨지는 이벤트는 꼭 들어가야한다.
3) 기초는 **10**문제, 초급 **30**문제,중급 **50**문제, 고급 **100**문제이며 난이도는 등급이 올라갈 수록 어려워진다.

기초버튼(초급, 중급, 고급)을 누르면 기초(초급, 중급, 고급에 해당하는 문제와 학습 단어들이 저장되어진다. 클릭하면 계란이 깨지는 이벤트는 꼭 들어가야 한다.기초는 10문제, 초급 30문제, 중급 50문제, 고급 100문제이며 난이도는 등급이 올라갈수록 어려워진다.

Comment

1) 학습버튼을 누르면 사용자가 등급선택에서 선택한 등급 정보를 가져온다.
2) 문제 버튼을 선택해도 마찬가지이고, 기초면 기초, 초급이면 초급 ,문제의 난이도와 나오는 문제의 개수도 달라진다.

학습버튼을 누르면 사용자가 등급선택에서 선택한 등급 정보를 가져온다. 문제 버튼을 선택해도 마찬가지이고, 기초면 기초, 초급이면 초급, 문제의 난이도와 나오는 문제의 개수도 달라진다.

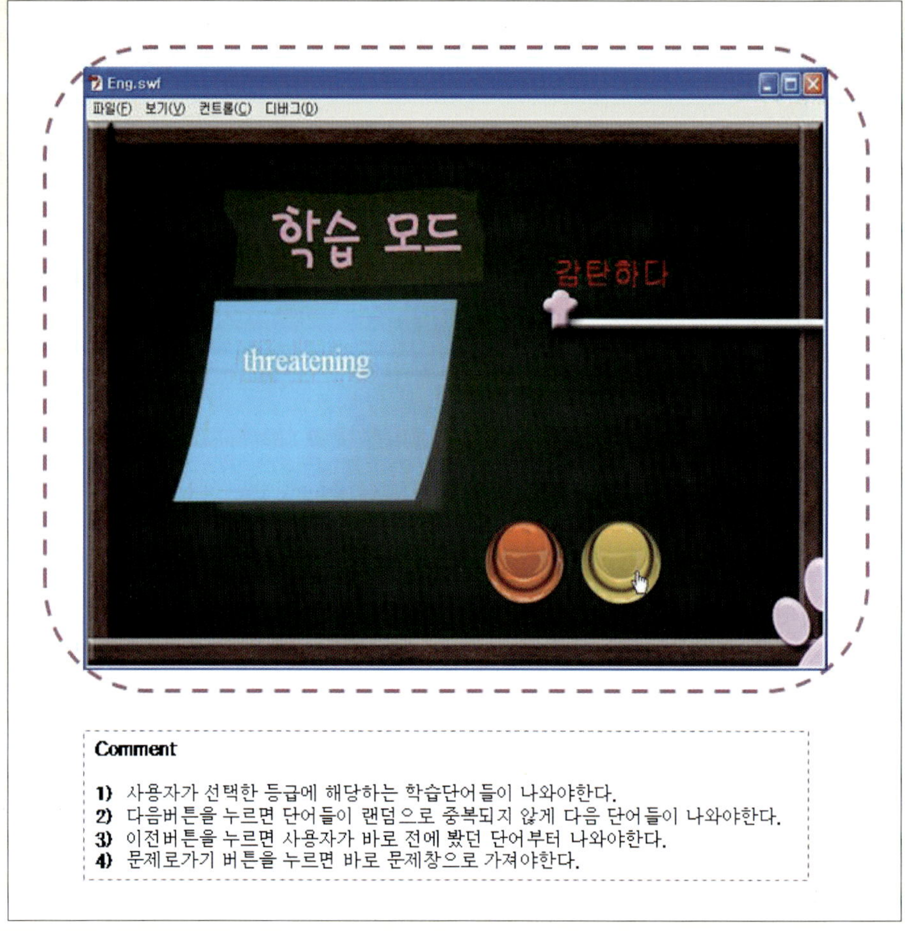

Comment

1) 사용자가 선택한 등급에 해당하는 학습단어들이 나와야한다.
2) 다음버튼을 누르면 단어들이 랜덤으로 중복되지 않게 다음 단어들이 나와야한다.
3) 이전버튼을 누르면 사용자가 바로 전에 봤던 단어부터 나와야한다.
4) 문제로가기 버튼을 누르면 바로 문제창으로 가져야한다.

사용자가 선택한 등급에 해당하는 학습단어들이 나와야 한다. 다음 버튼을 누르면 단어들이 랜덤으로 중복되지 않게 다음 단어들이 나와야 한다. 이전 버튼을 누르면 사용자가 바로 전에 봤던 단어부터 나와야한다. 문제로가기 버튼을 누르면 바로 문제창으로 가져야 한다.

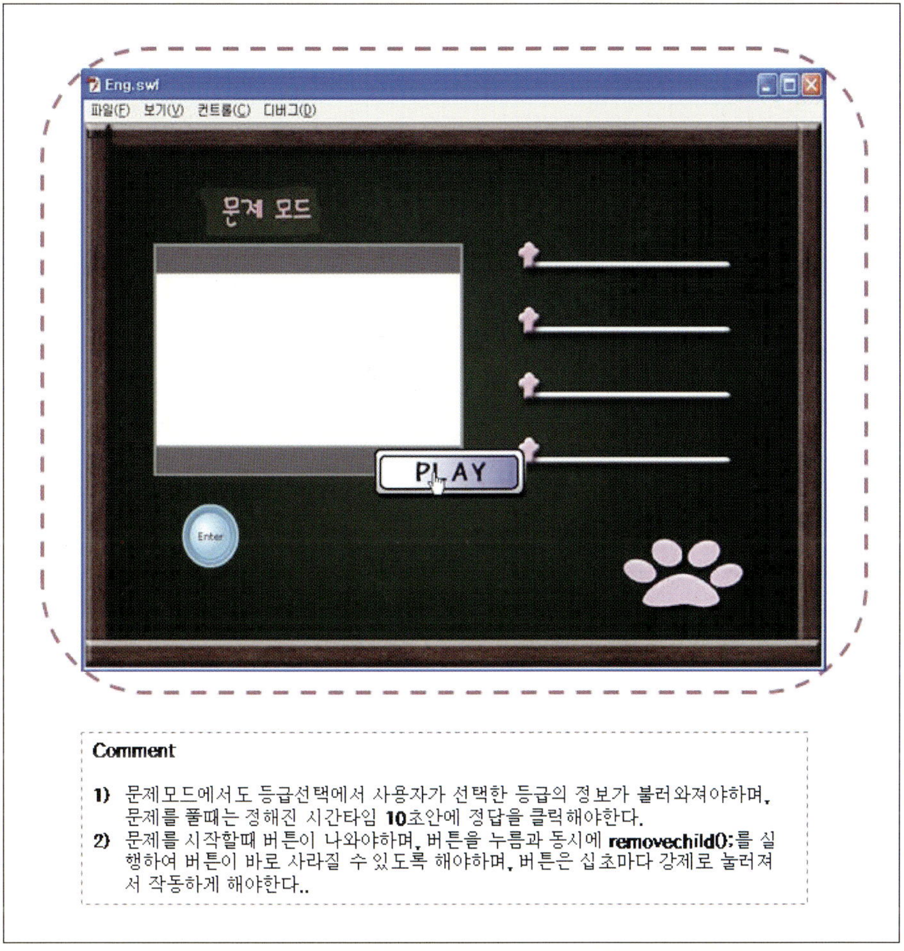

Comment

1) 문제모드에서도 등급선택에서 사용자가 선택한 등급의 정보가 불러와져야하며, 문제를 풀때는 정해진 시간타임 **10**초안에 정답을 클릭 해야한다.
2) 문제를 시작할때 버튼이 나와야하며, 버튼을 누름과 동시에 **removechild0;**를 실행하여 버튼이 바로 사라질 수 있도록 해야하며, 버튼은 십초마다 강제로 눌러져서 작동하게 해야한다..

문제모드에서도 등급선택에서 사용자가 선택한 등급의 정보가 불러와져야 하며, 문제를 풀 때는 정해진 시간타임 10초 안에 정답을 클릭해야 한다. 문제를 시작할 때 버튼이 나와야 하며, 버튼을 누름과 동시에 removechild();를 실행하여 버튼이 바로 사라질 수 있도록 해야 하며, 버튼은 십초마다 강제로 눌러져서 작동하게 해야 한다.

Comment

1) 정답이 아닐경우의 화면이고 정답이아니면 사용자가 선택한 답과 정답이 같이 체크되며, 밑에 정답은 ˙ ˙ 입니다 라고 메시지가 같이나온다.

정답이 아닐 경우의 화면이고 정답이 아니면 사용자가 선택한 답과 정답이 같이 체크되며, 밑에 정답은 ' ' 입니다 라고 메시지가 나온다.

<슬라이드 7>

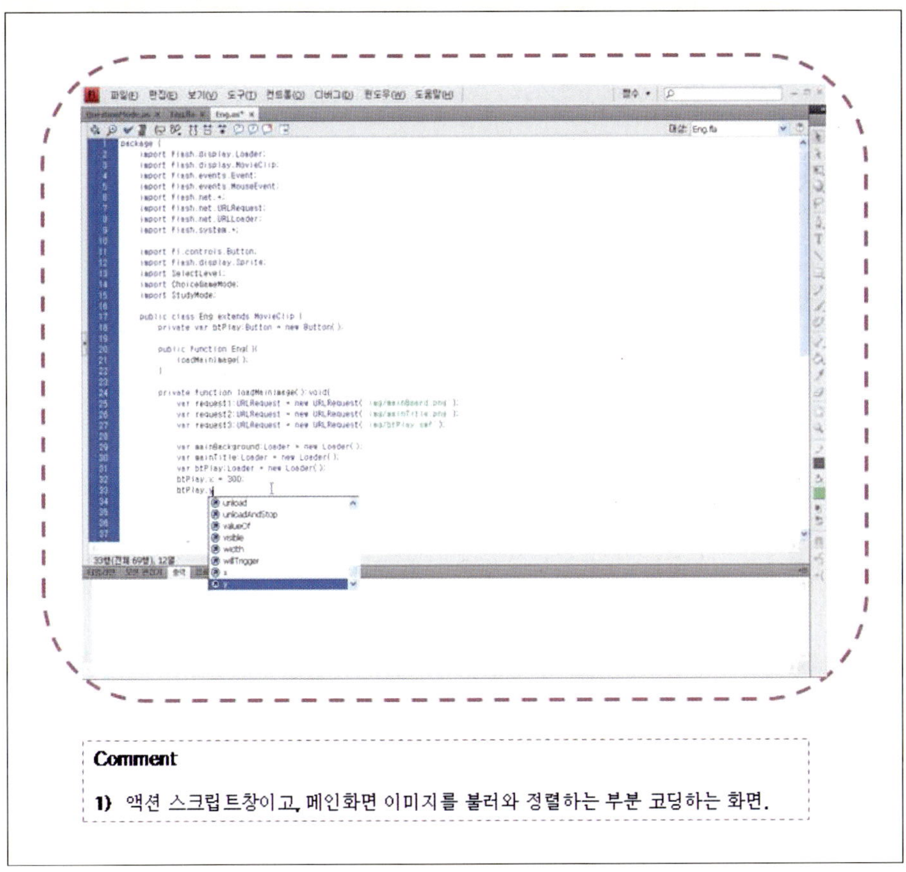

Comment

1) 액션 스크립트창이고, 메인화면 이미지를 불러와 정렬하는 부분 코딩하는 화면.

액션 스크립트창이고, 메인화면 이미지를 불러와 정렬하는 부분 코딩하는 화면.

<슬라이드 8>

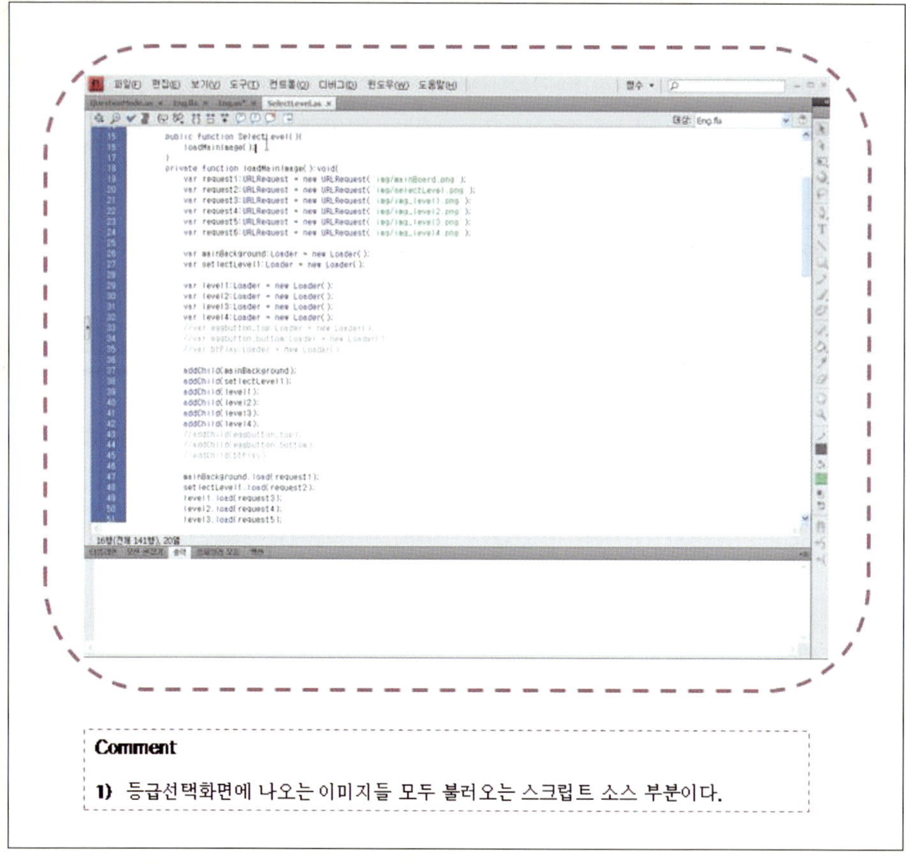

Comment

1) 등급선택화면에 나오는 이미지들 모두 불러오는 스크립트 소스 부분이다.

등급선택화면에 나오는 이미지들 모두 불러오는 스크립트 소스 부분이다.

 초보자를 위한 네이트 앱스토어에서 앱스 만들기

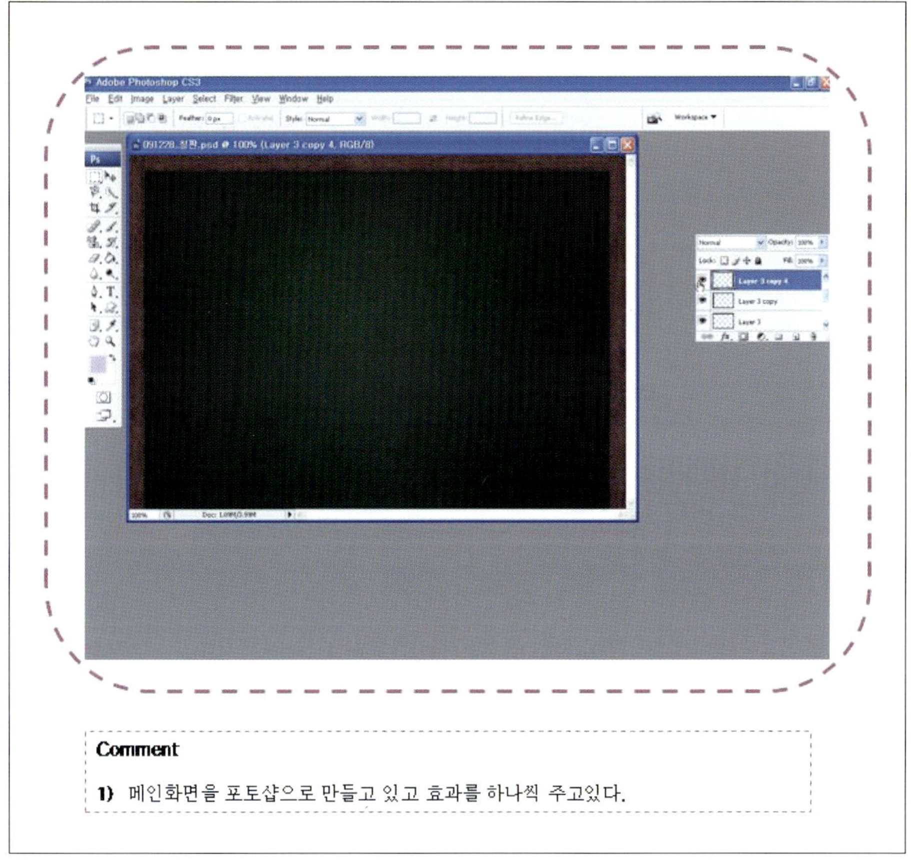

Comment

1) 메인화면을 포토샵으로 만들고 있고 효과를 하나씩 주고있다.

메인화면을 포토샵으로 만들고 있고 효과를 하나씩 주고 있다.

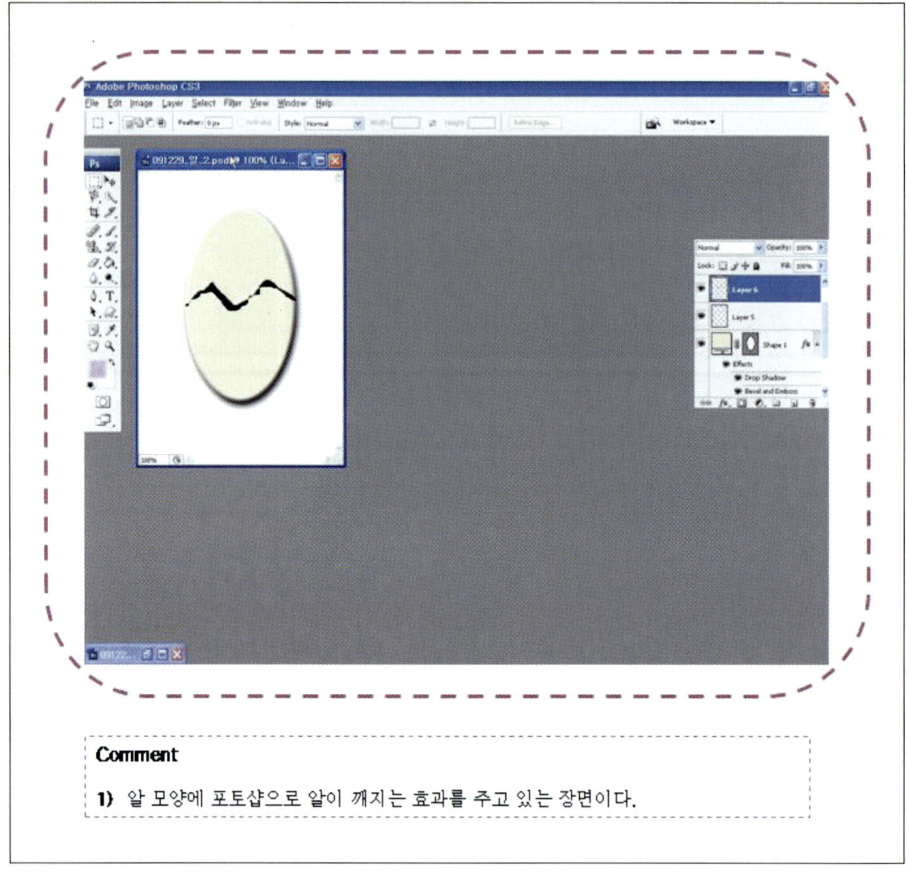

알 모양에 포토샵으로 알이 깨지는 효과를 주고 있는 장면이다.

 초보자를 위한 **네이트 앱스토어에서 앱스 만들기**

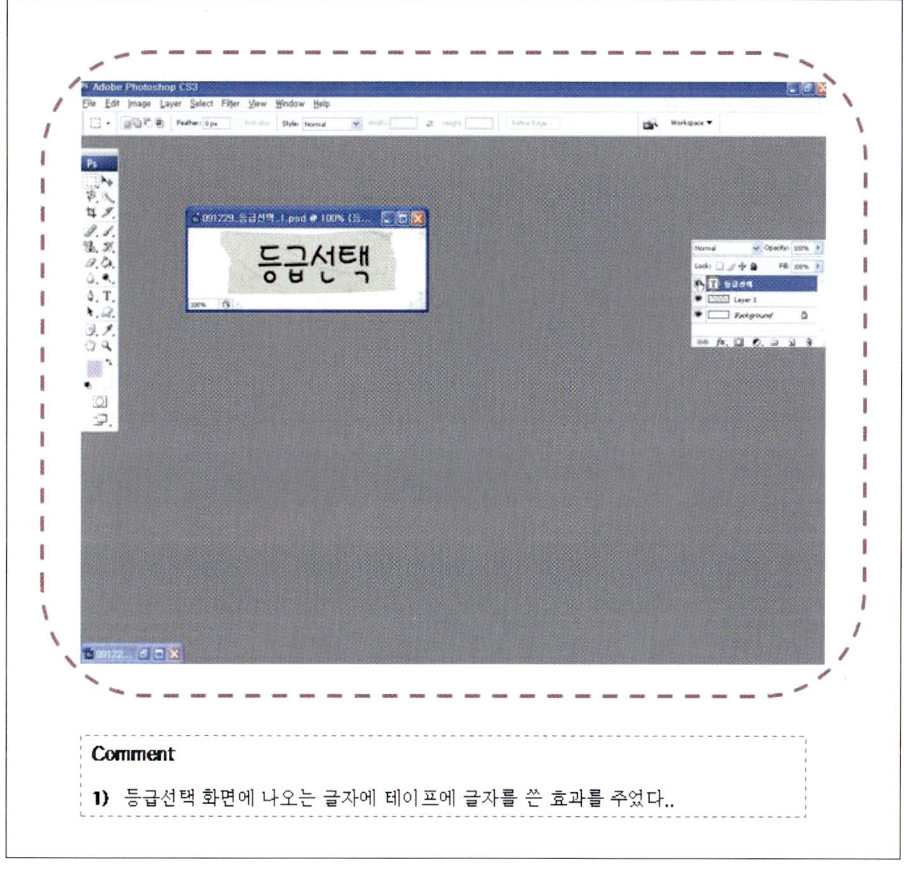

Comment

1) 등급선택 화면에 나오는 글자에 테이프에 글자를 쓴 효과를 주었다..

등급선택 화면에 나오는 글자에 테이프에 글자를 쓴 효과를 주었다.

이제 네이트 앱스토어에 앱스를 올려보자. 각 단계별로 따라해보며 네이트 앱스토어 사용법에 익숙해지도록 하자. 네이트 앱스토어에 앱스를 올리면 대략 일주일 정도 심사기간이 필요하다. 하지만, 네이트 앱스 개발가이드에 맞게 만들었다면 문제는 없다. 미니홈피 사용자들 간의 일촌 사이에서 인기를 얻는 나만의 앱스를 통해 태블릿PC 시대에 최고의 수익모델 앱스의 성공에 도전해보자.

[자료제공: 나우로인터내셔널(주) www.nawooro.com]

❶ 네이트에 들어간다.

❷ 아이디와 비밀번호를 쓰고 로그인한다.

❸ 로그인한 화면. 상단에 앱스토어 메뉴가 보일 것이다. 클릭해서 들어간다.

❹ 인기 많은 앱스토어 순으로 업데이트 된다. 오른쪽 상단에 Dev. Square가 보일 것이다. 클릭해서 들어간다.

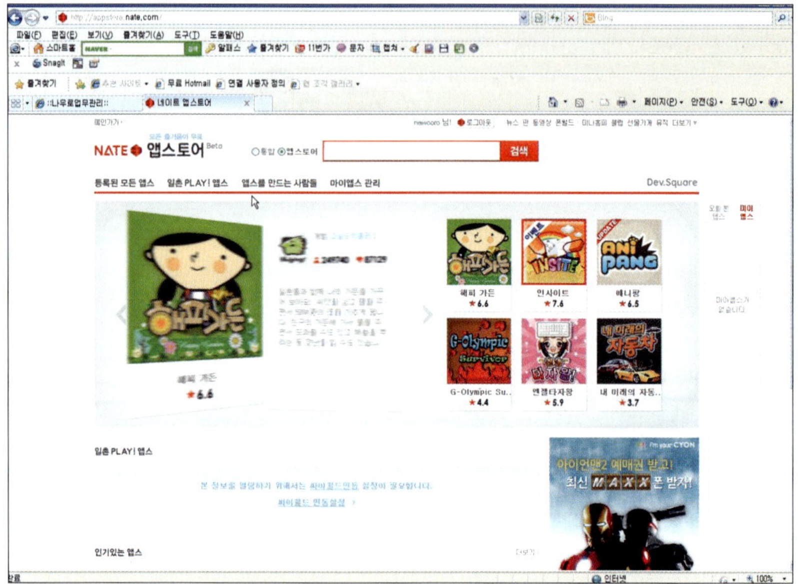

⑤ Dev. Square라고 개발자 센터인데 이곳에서 네이트에 앱스토어를 올릴 수 있는 모든 정보가 다 나와있다. 플래시 크기라던지 광고를 올린다면 어느 정도 크기여야 하는지 등등. 포럼은 앱스토어를 만드는 개발자들이 주를 이루는 클럽으로 바로 들어가진다. 마이페이지는 개발자 등록을 해야지만 마이페이지 메뉴에 들어갈 수 있다. 마이페이지에서는 네이트에 올리기 전 sandbox에서 테스트도 할 수 있고 마이페이지에서 바로 네이트로 올릴 수 있고. 올리면 일주일 정도의 검수과정을 거쳐서 네이트에 올라가게 된다.

❻ 개발자 등록 하기를 누른다.

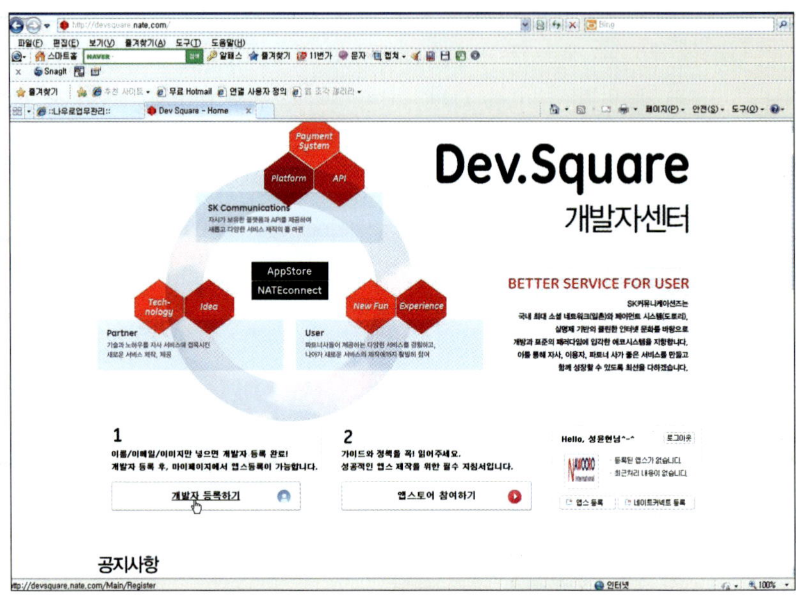

❼ 이름하고 네이트에 가입할 때 적었던 이메일주소와 전화번호를 적고(위에처럼 안 적어도 된다.) 닉네임 이메일하고, 홈페이지가 있다면 홈페이지 주소, 이미지에는 회사로고를 올리고 개발자 등록 버튼을 누르면 등록이 되고, 수정버튼을 누르면 위와 같은 화면이 나온다.

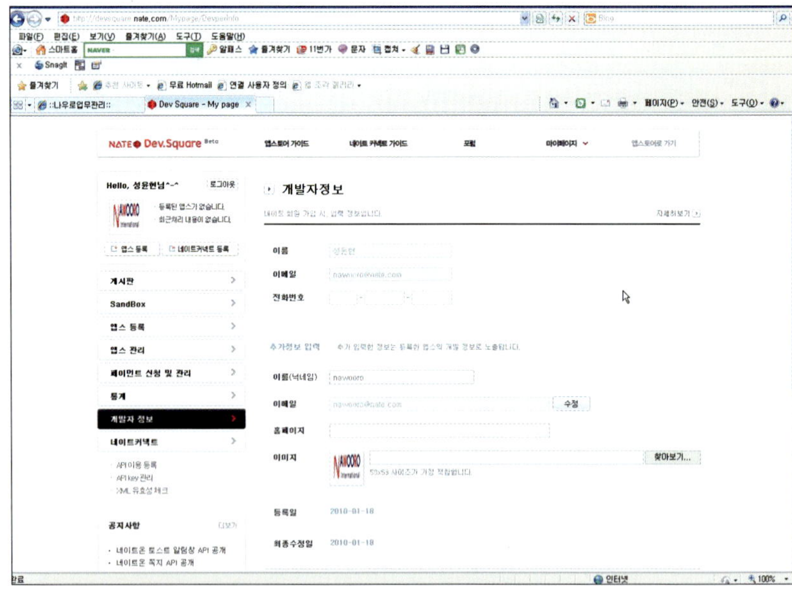

 초보자를 위한 **네이트 앱스토어에서 앱스 만들기**

❽ 개발자 등록을 누른다.

❾ 앱스토어 등록 화면이다.

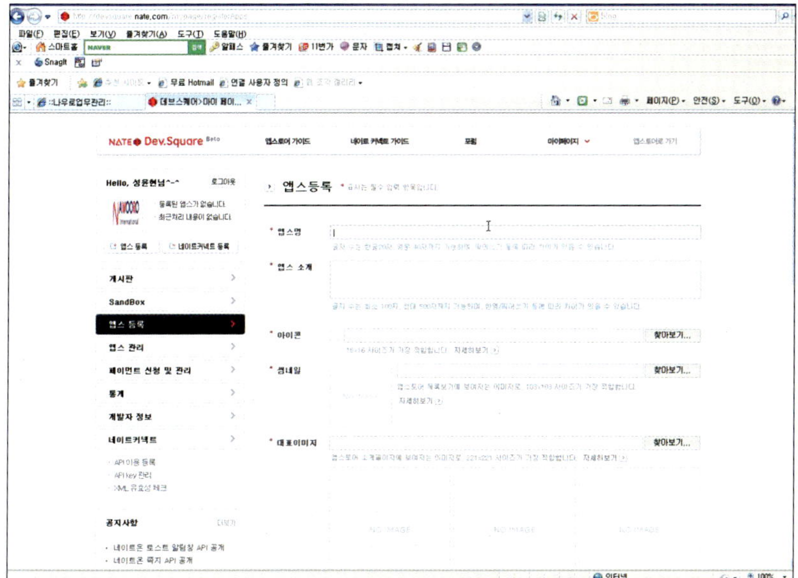

⑩ 앱스명을 적는다.

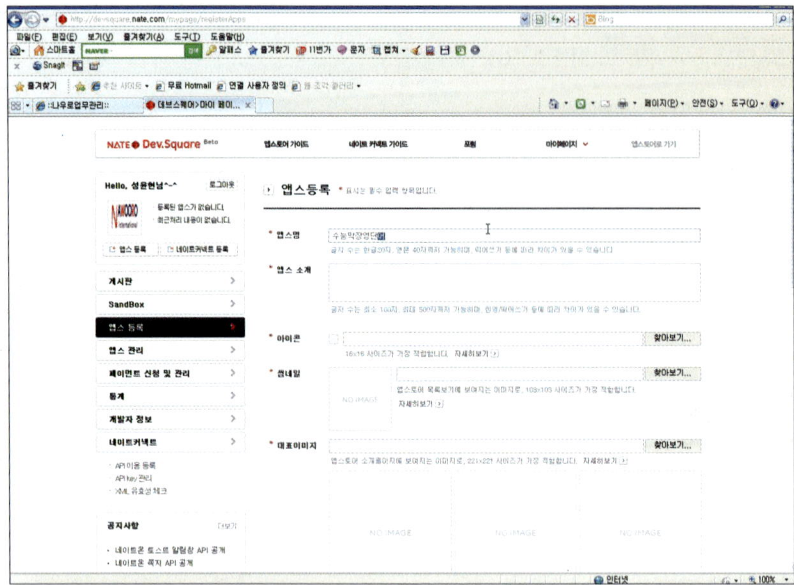

⑪ 앱스토어 소개글을 적는다. 100자이상 500자 미만으로 적어야 한다.

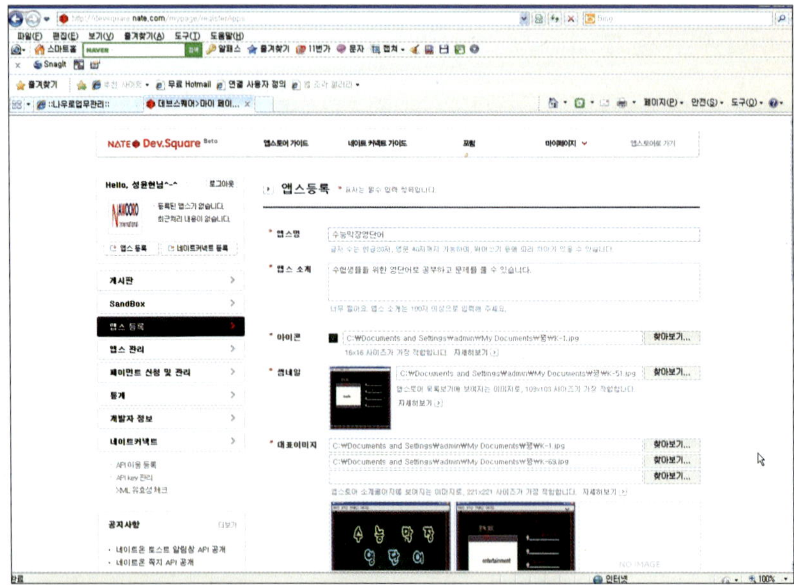

⑫ 아이콘을 등록한다. 찾아보기를 누르면 위와 같은 화면이 나온다.

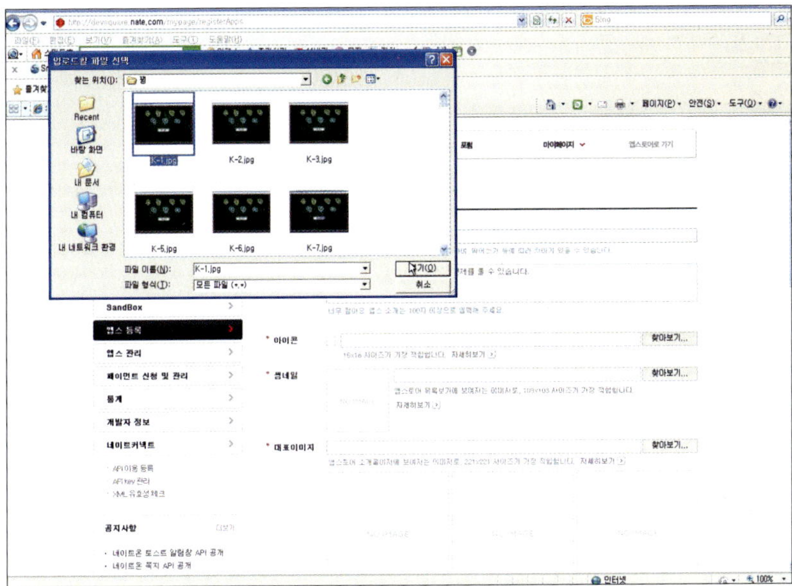

⑬ 이미지에 파일이 들어가면 옆에 작게 미리보기 이미지가 뜨면서 들어간 걸 알 수 있다.

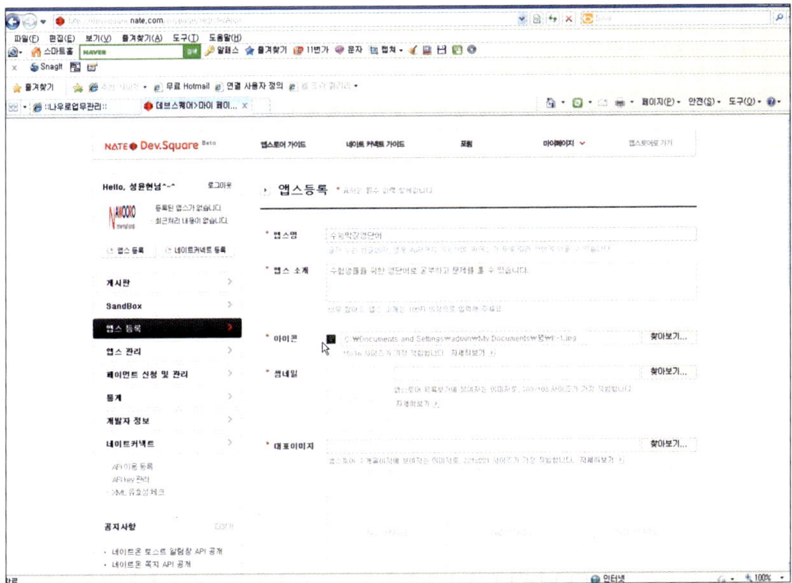

⓮ 썸네일은 플래시 만든 것 중에 미리보기로 보여줄 한 화면을 등록해주면 된다.

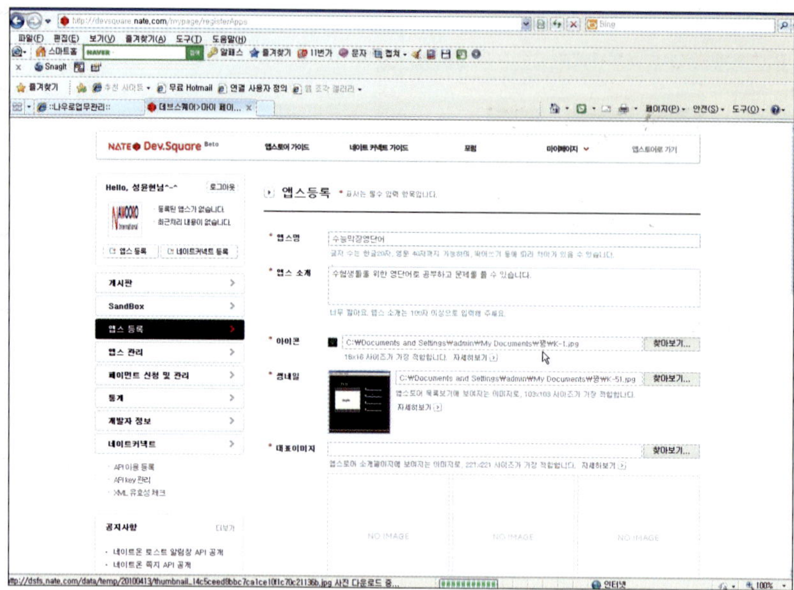

⓯ 대표이미지에는 221 X 221 사이즈가 가장 적당하고 앱스토어 실행 화면들 중에 3개를 선택하여 올려주면 된다.

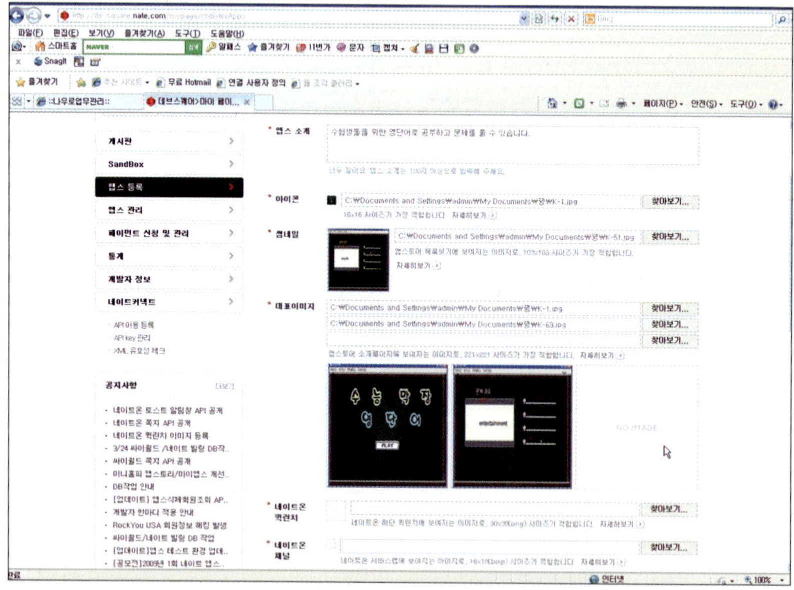

초보자를 위한 **네이트 앱스토어에서 앱스 만들기**

⑯ 네이트온 퀵런치에는 30 X 30 사이즈가 적당하고 광고 이미지 등등 앱스토어 밑에 표시
할 이미지를 올려주면 된다.

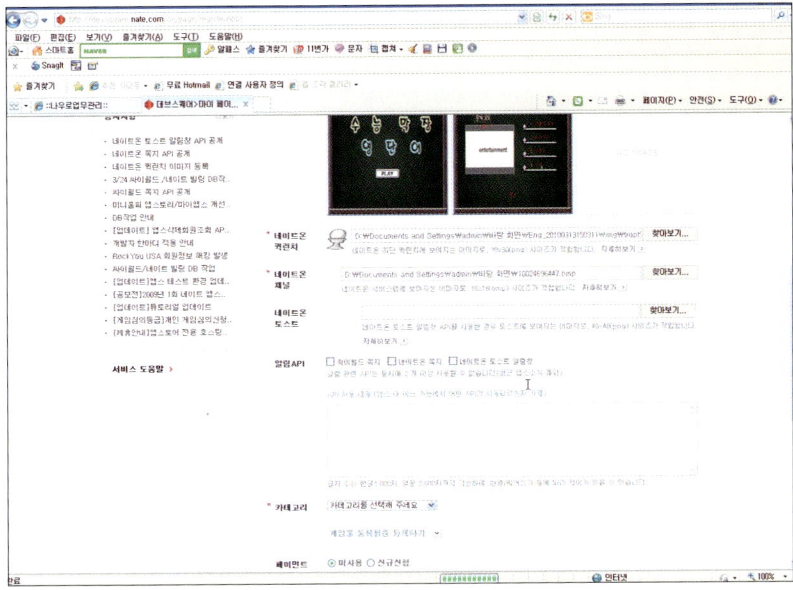

⑰ 네이트온 채널은 네이트온 서비스탭에 보여질 이미지로, 16 X 16 사이즈가 적당하고 게임
실행화면 중 한 화면을 보여주면 된다.

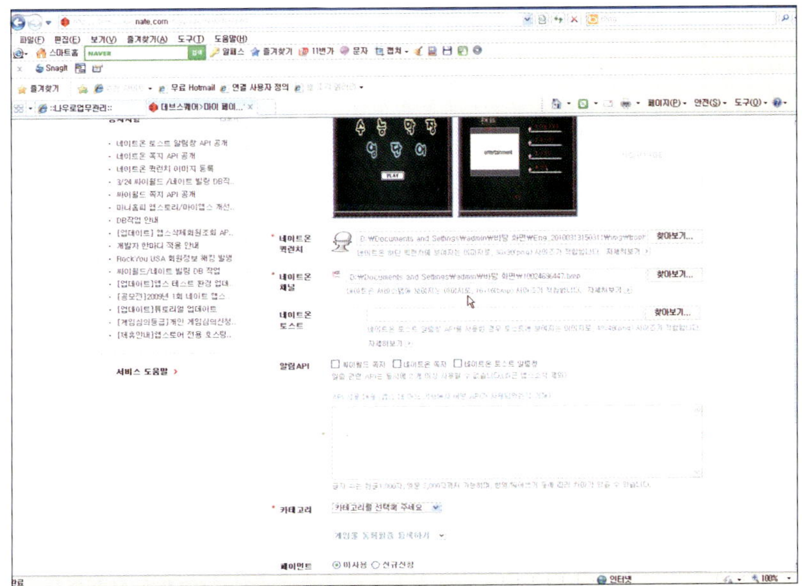

⑱ 카테고리를 지정해준다. 앱스토어 분류 항목을 지정해주면 된다. 저자는 퀴즈/테스트라고 지정해 주었다.

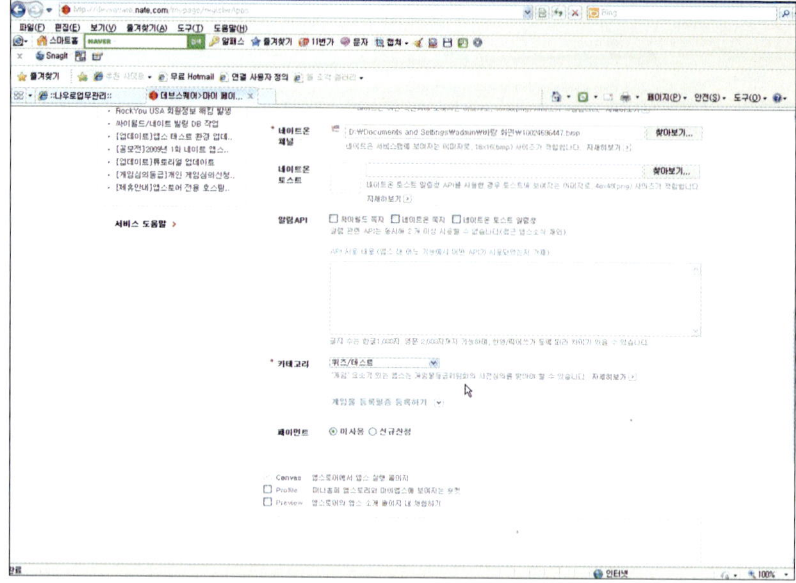

⑲ 페이먼트 사용 여부 체크해주고 앱스토어에 들어가는 소스를 등록 해주면 된다. 앱스토어 실행 주소는 웹호스팅을 신청해서 거기에 플래시 실행 소스와 이미지들을 올리고 호스팅 주소를 적어주면 된다. 그리고 javascript로 된 친구목록 보기라든지 사용자 프로필 등을 불러오는 소스를 올려주면 된다.

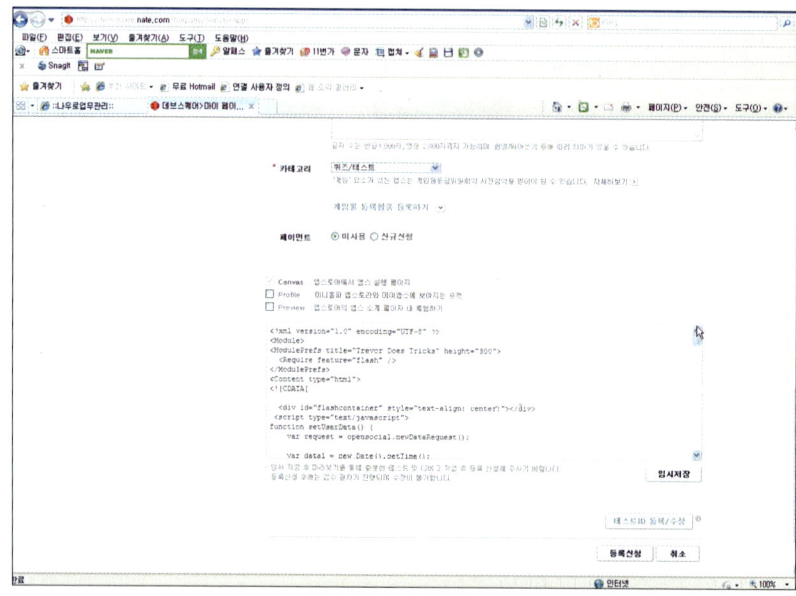

 초보자를 위한 네이트 앱스토어에서 앱스 만들기

⑳ 네이트온 채널은 네이트온 서비스탭에 보여질 이미지로, 16 X 16 사이즈가 적당하고 게임
실행화면 중 한 화면을 보여주면 된다.

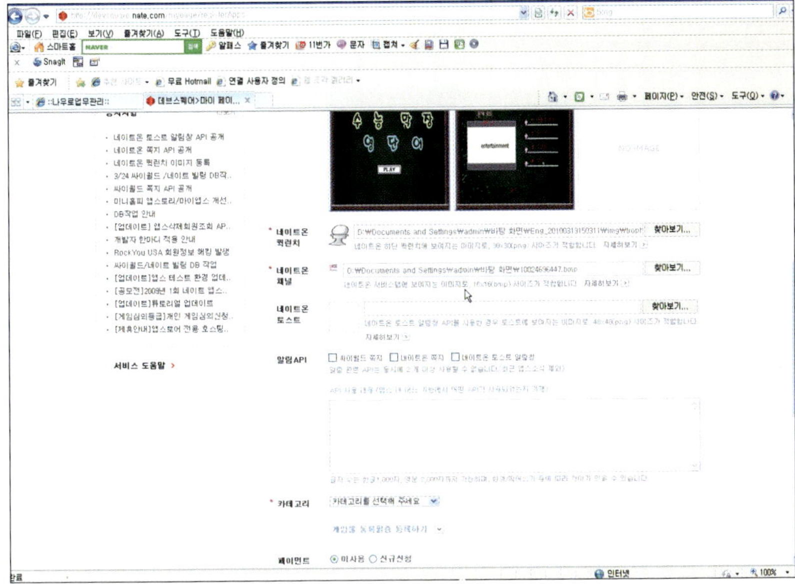

㉑ 임시저장을 눌러서 저장한다. 미리보기를 통해서 미리보기에서도 충분히 잘 되는지 테스
트해본다.

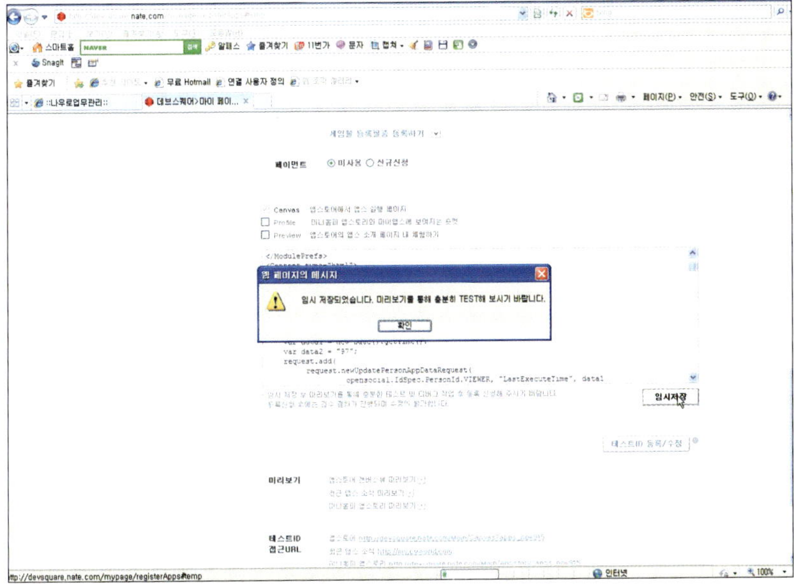

㉒ 미리보기로 충분히 테스트 해보았으면 등록 신청 버튼을 누른다. 등록신청 버튼을 누르면
위와 같은 메시지박스가 뜨고 내용을 읽고 문제가 없으면 확인 버튼을 누른다.

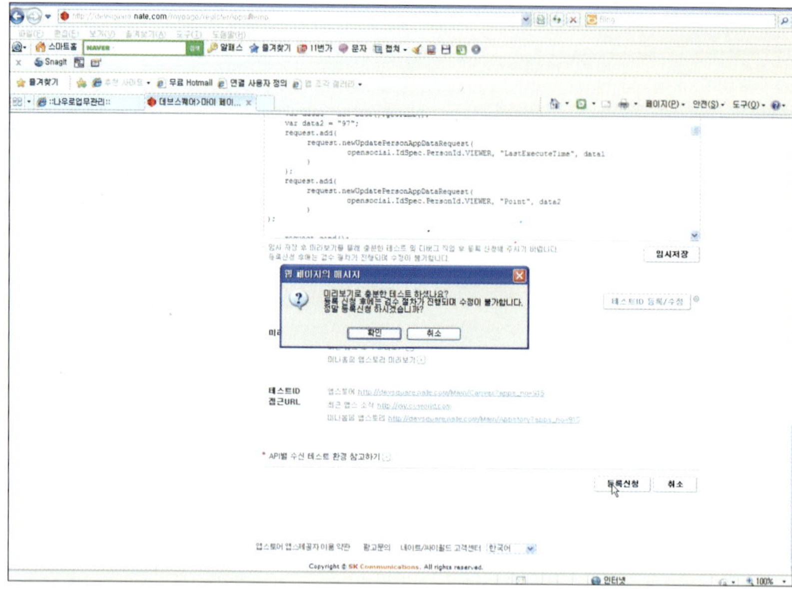

㉓ 앱스등록 신청이 완료되었다. 검수기간이 일주일 정도 소요되는데 검수가 끝나고 승인이
되면 앱스토어에 바로 노출된다.

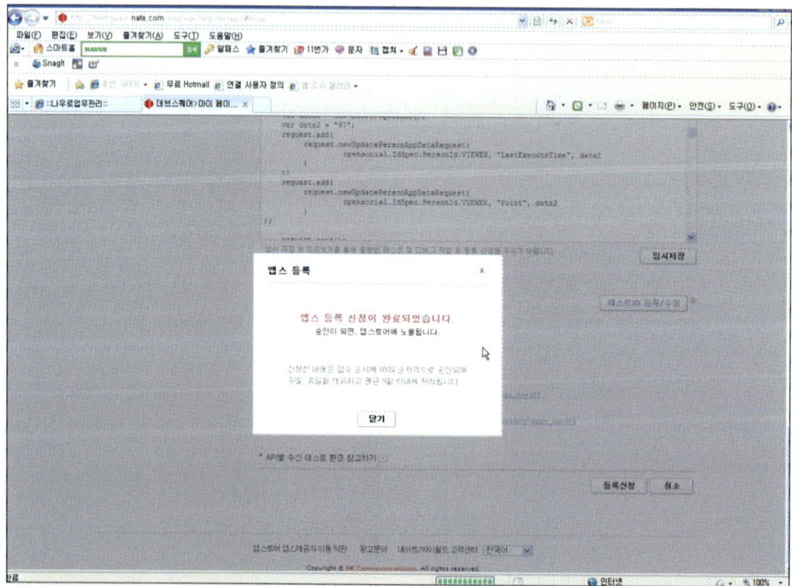

㉔ 앱스관리에 들어가면 앱스토어 등록을 신청하였고 지금은 등록대기 상태라는걸 알 수 있다. 검수기간은 일주일정도 소요된다.

㉕ 네이트에 등록하기 전 SandBox에서 네이트에 등록할 소스를 올리고 결과보기를 클릭하면 밑에처럼 네이트에 올렸을 시 어떤 식으로 실행되는지 실행화면을 볼 수 있다.

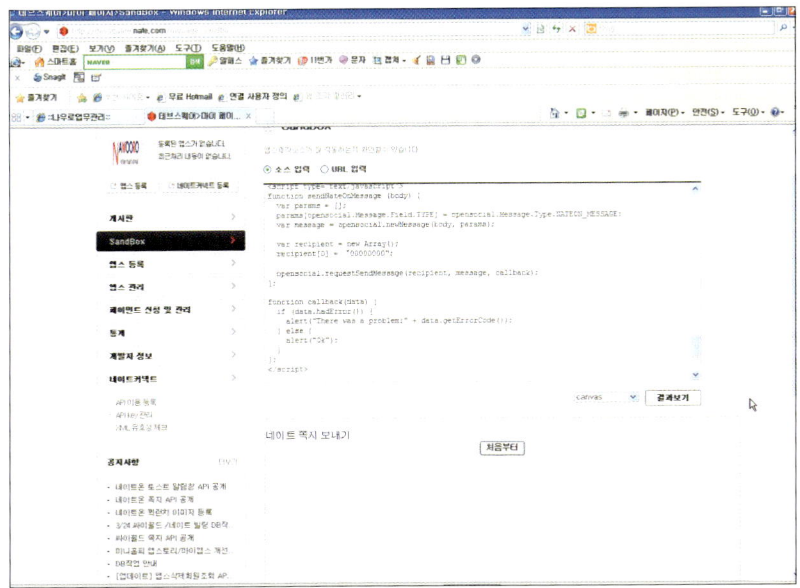

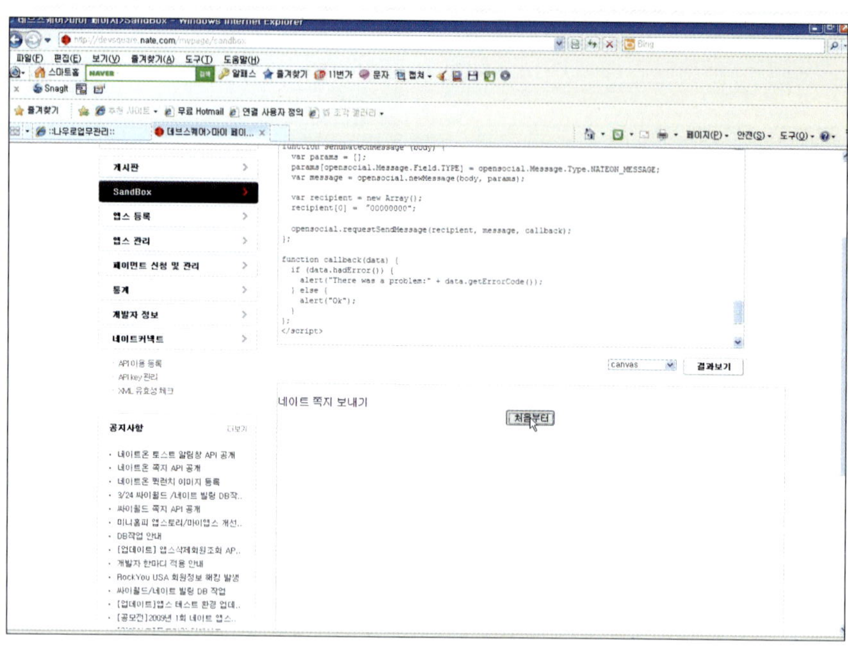

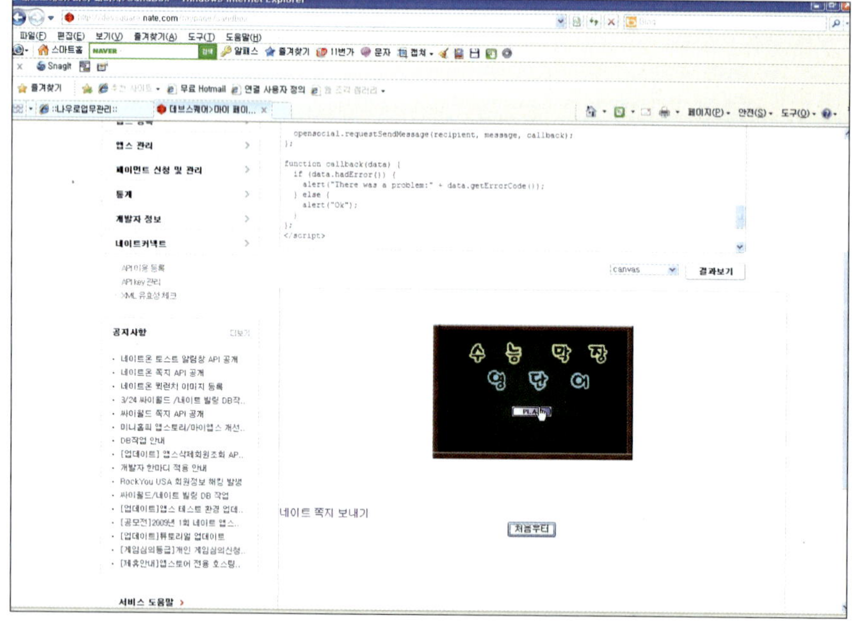

수 능 막 장
영 단 어
PLAY

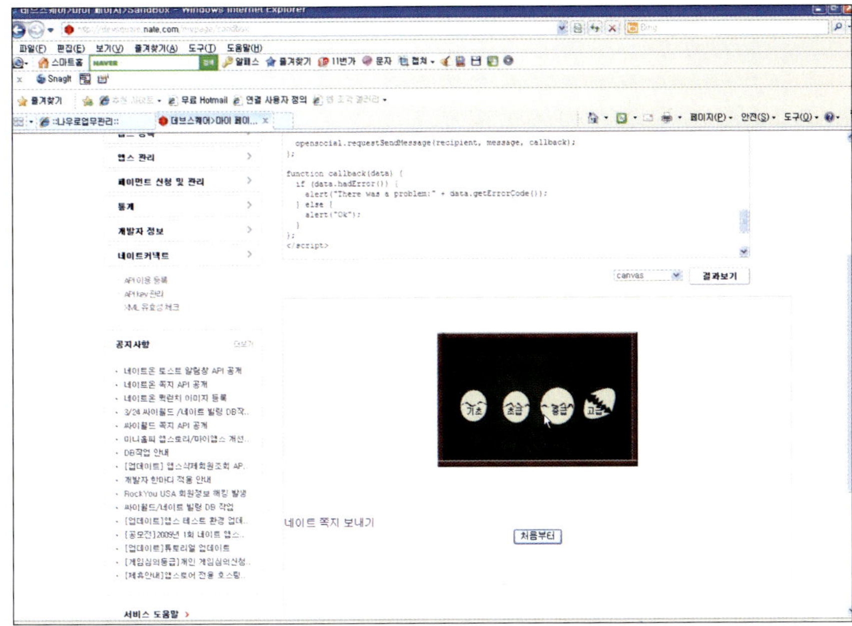

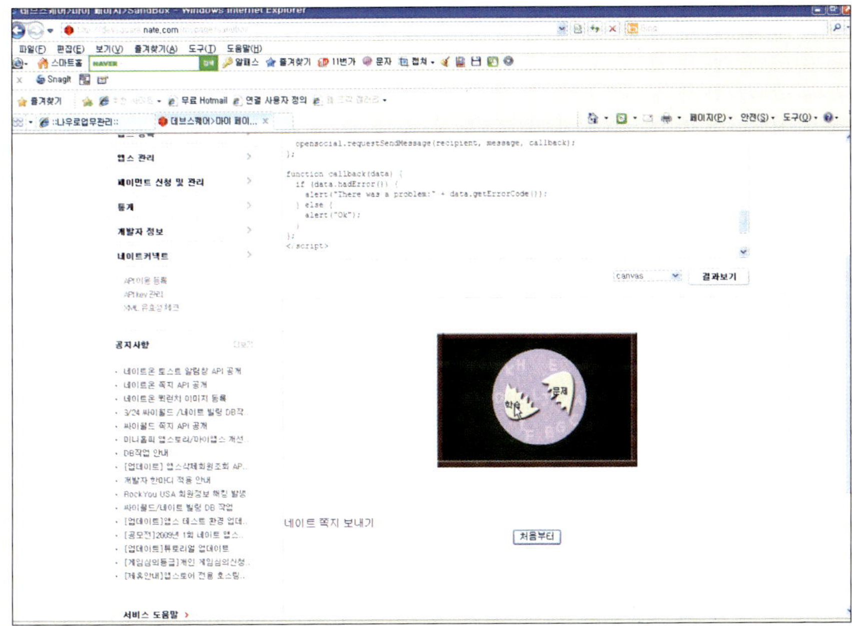

Part 3

앱스토어, 개발 자료 엿보기

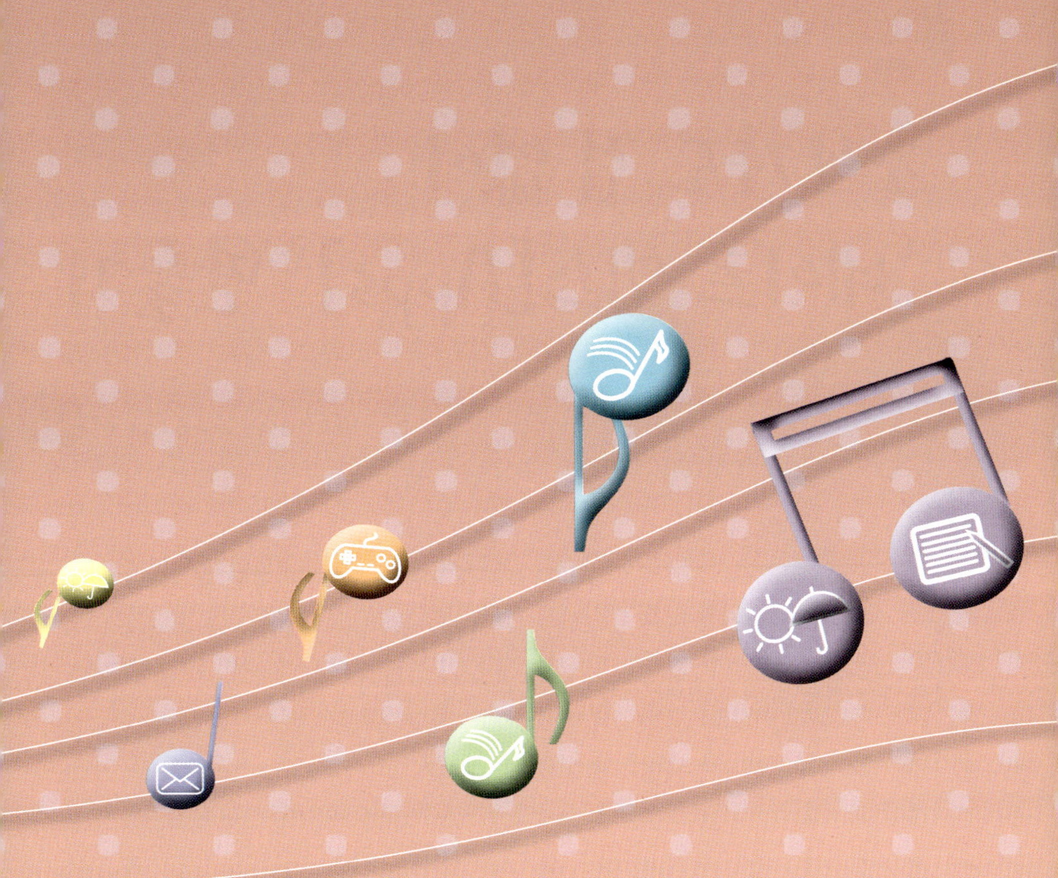

#_01 초보자도 겁 없이 앱스[Apps] 만들기
#_02 앱스[Apps] 완전 기초 노하우
#_03 JavaScript(OpenSocial API v0.81)
#_04 외부 컨텐츠 가져오기
#_05 Google OpenSocial 활용하기

#_01
초보자도 겁 없이
'네이트 앱스[Apps]' 만들기

인터넷이 등장하기 전에도 MS_DOS 운영체제 기반의 컴퓨터 환경에서 사람들은 내가 사는 컴퓨터에 맞는 프로그램을 고른다기보다는 컴퓨터에 딸려오는 운영체제와 기본 프로그램들을 받아들일 수밖에 없었다.

기계를 만드는 사람이 소프트웨어까지 가져가는 '승자독식' 구조라고 할 만한 체계였다.

그러나, 모든 산업 분야가 점차 소비자 중심의 유통구조로 바뀌면서 정형화된 기계보다는 안을 채우는 소프트웨어와 서비스를 만들어내는 사람이 우위를 차지하는 '눈에 보이지 않는 상품'의 가치가 시장을 리드하고 있다.

한 걸음 더 나아가서, 컴퓨터 안에 들어가던 운영체제 소프트웨어에 대한 내용보기가 일절 금지되던 관행에서 벗어나, 기기의 운영체제 같은 소프트웨어는 공개하고 나눠 쓰는 분위기가 형성되고 있다. 기업의 '보안'이라는 걸림돌이 소비자의 '편이'를 위해 무장해제 되고 있는 것이다.

구글에서 출시하는 '안드로이드폰'의 경우, 소프트웨어 소스를 볼 수 있다. 게다가, 인터넷과 밀접하게 연결되어 있어서 이용자가 상상하는 것을 구체화할 수 있기까지 하다. 안드로이드폰 같은 상품이 시장에 나온 것만으로도 시장 자체 분위기를 대변해주는 것이지만, 오픈 소스로 공개된 내용에 대해선 '자바' 언어 개발자들과 'XML' 개발자들에게 서광이 비추고 있다고 해도 과언이 아니다.

모바일 휴대폰에 들어가는 '앱스'를 개발하는데 필요한 것은 '자바', 'XML'만 알면 된다. 기타 다른 복잡한 것들은 안 해도 된다는 뜻이다. 물론, 배터리 사용 시간과 LCD 액정화면 넓이, 그리고 각 기기의 메모리용량 등을 알아야하는 부분이 있기도 하지만 '이클립스' 환경에서 개발한 적이 있는 개발자라면 안드로이드폰 전용 프로그램을 개발할 수 있다.

애플社의 아이폰에 들어가는 '앱스'를 개발하기 위해 MAC을 사야하고, 관련 언어를 배워야했던 반면에 안드로이드폰은 각자 갖고 있는 자신의 PC를 바로 사용가능하다. 윈도우 개발을 위해 '비주얼 스튜디오'를 사야했던 사람도 '이클립스'만 있으면 된다. 각종 기업체 관련 업무들과 개개인의 일들이 모두 휴대폰에서 처리되는 시대가 다가오면서 '앱스'의 역할 확대가 기대되는 점도 있다.

뿐만 아니라, 구글에서 내놓은 안드로이드 소스는 TV, PMP, 넷북 등의 모든 인터넷 기능 장치들의 운영체제로 사용될 것이란 점에 주목하는 것이다.

(1) XML 기본 개념

　① 데이터로 표현된다.

　② HTML과 비슷하지만 'XML은 태그를 생성하여 사용한다'는 면에서 다르다.

　③ 읽는 것만 의미하는 TEXT가 아니다.

　④ 확장성이 좋다.

　⑤ SGML과 HTML의 장점만으로 만들었다.

　⑥ 모듈식이다.

　⑦ 사용할 수 있는 라이센스의 제약이 없다.

(2) XML 편집기

　① XML Spy : XML 기반 애플리케이션 개발 솔루션으로 스타일시트, 스키마 작성 및 관리 XSLT 디자이너, 문서 편집기, 문서 프레임 워크 등

　　http://www.xmlspy.co.kr

　② 태그프리 : X2X Mapper, DTD Editor 등으로 XML 데이터 구축시 최적 환경을 제공

　　http://www.tagfree.com

　③ 엑스칸 : 애플리케이션 서버 및 통합 개발환경을 지원 XML 데이터 가공, 저장, 검색, 출력의 전 과정을 지원

　　http://www.ipentec.co.kr

　④ GeneXis : 통합 XML 저작툴 XML 검색엔진, XML 편집기, DTD 편집기, XML Parser

　　http://www.geonji.co.kr

(3) XML 파서

　XML문서를 맞게 작성했는지 검증, XML 문서를 트리형태로 구성하는 프로그램

　① Xerces 파서 : 아파치 그룹에서 개발한 것으로 자바, C++, Perl 등의 언어별 파서 지원 가장 많이 사용되는 파서

　　http://xml.apache.org

② XML Parser for JAVA : IBM에서 운영, '자바' 사용을 위한 파서

　http://www.alphaworks.ibm.com/tech/xml4j

③ MSXML : MS에서 개발했으며 MSXML 4.0까지 개발되었다.

　윈도우즈에서 인터넷 브라우저를 통해 XML 문서의 유효성을 검사

　　http://msdn.microsoft.com/xml

(4) XML 데이터베이스

파일 관리형 데이터베이스, 관계형 데이터베이스, 객체지향형 데이터베이스 등으로 구성되어 있다.

[XML 데이터베이스 종류]

① 타미노 : 서로 다른 플랫폼 및 데이터베이스, 애플리케이션의 정보 시스템에서 데이터 교환가능

　http://www.penta.co.kr

② Sonic/eXcelon XIS : 표준 XML 포맷으로 저장/검색하는 XML 전용 데이터베이스 서버

　XML 문서 검색/수정/삽입 등의 작업을 쉽게 처리

　데이터 교환이 자유롭고 이미지, 오디오, 비디오 등의 데이터를 관리

　http://www.datec.co.kr

③ 오라클 8i, 9i : Oracle 8i 또는 9i에서 XML 지원 툴을 자바 컴포넌트로 제공

　http://technet.oracle.co.kr/tech/xml/xmldb/

④ Microsoft SQL Server 2000 : RDB구조에 XML문서를 저장할 수 있는 XML 지원기능

　http://www.microsoft.com/sql/

#_02

앱스 완전 기초 노하우

앱스는 OpenSocial의 Gadget을 사용하여 작성한다. Gadget은 XML로 정의되며, 앱스를 구성하는 HTML, javascript, css를 포함한다. 이와 같은 기본 원칙을 알아두고 다음 예제를 만들어보자. 여기서 소개하는 각종 링크 및 예제는 앱스토어 개발자를 위한 사이트를 통해 연습해볼 수 있다.

앱스토어 개발자 사이트 : http://devsquare.nate.com

아래는 'Hello Apps!!'를 출력하는 간단한 앱스이다.

```xml
<?xml version="1.0" encoding="UTF-8" ?>
<Module>
   <ModulePrefs title="간단한 앱스 : Hello Apps!">
   </ModulePrefs>
     <Content type="html">
       <![CDATA[
        <h1>Hello, Apps! </h1>
       ]]>
     </Content>
</Module>
```

설명

<Module> : XML 파일이 Gadget임을 나타냅니다.

<ModulePrefs> : 제목, 설명, 작성자 및 선택사항 기능 등의 gadget 정보를 포함합니다.

<Content type="html"> : Gadget의 컨텐츠 유형이 HTML임을 나타냅니다.

<![CDATA[…]]> : Gadget을 구성하는 모든 HTML, CSS, Javascript를 포함합니다.

위와 같이 입력하고 앱스를 만들어보았다. 다음의 이미지와 같은 결과가 나타났다. 앱스 개발자 사이트인 [마이페이지]에 [SANDBOX] 메뉴에서 캔바스 (CANVAS) 영역에 위 빨간색으로 표시된 소스코드를 입력(대, 소문자 구분)하고 [결과보기]를 누르면 된다.

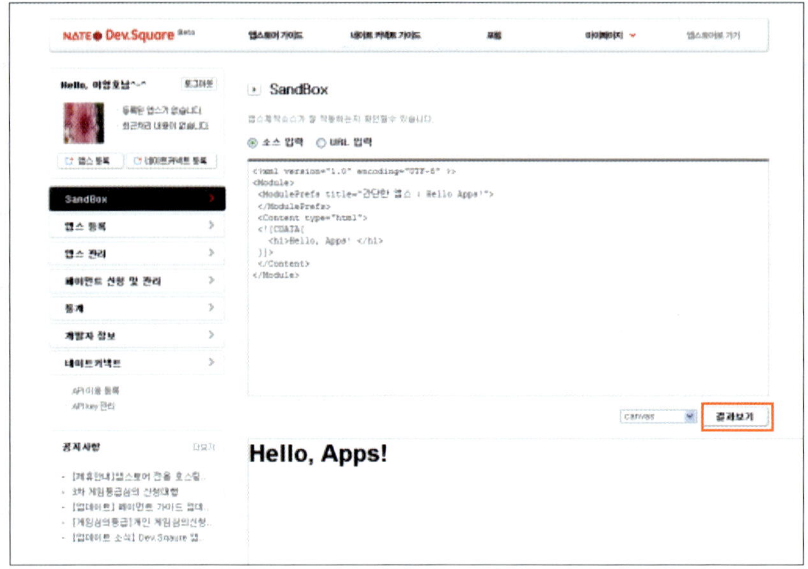

위 소스코드를 이해하기 위해 한 가지만 더 예를 들어보자. Hello, Apps!를 만드는 소스에서 아래 밑줄 부분에 '앱스토어에 앱스 만들자'로 바꾸고 다시 실행해보자.

```xml
<?xml version="1.0" encoding="UTF-8" ?>
<Module>
   <ModulePrefs title="간단한 앱스 : 앱스토어에 앱스 만들자">
   </ModulePrefs>
     <Content type="html">
       <![CDATA[
       <h1>앱스토어에 앱스 만들자! </h1>
       ]]>
     </Content>
</Module>
```

그 결과 다음과 같은 결과치가 나왔다.

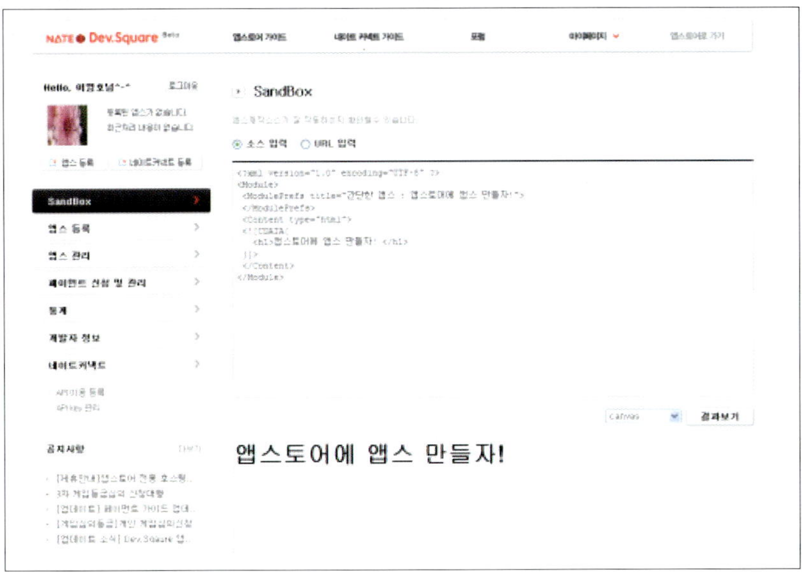

이와 같은 Gadget에 대해 더 많은 정보를 원하면, 다음 링크를 참고하자.

http://code.google.com/intl/ko/apis/gadgets/docs/gs.html

개발하려는 앱스가 OpenSocial data를 사용하려면, 'ModulePrefs'에 다음과 같이 추가해야 한다.

```
<Require feature="opensocial-0.8"/>
```

이 과정은 컴맹 수준의 초보자가 따라하기엔 다소 부담되는 개발 영역이기도 하다. 하지만, 여기서 필자가 제시하는 샘플 코드의 단계별 방법과 결과 샘플만 알아두도록 하자. 첫 단추만 꿰고 옷을 다 입었다고 할 수는 없지 않은가? 세부적인 앱스 개발은 시간을 두고 하나씩 알아가도록 하자.

❷ 두 번째 앱스 : 방문자 이름 보이기

다음 예는 OpenSocial 0.8의 기능을 사용하는, 방문자의 이름을 보여주는 앱스
이다.

```xml
<?xml version="1.0" encoding="UTF-8" ?>
<Module>
 <ModulePrefs title="방문자 이름 보이기">
  <Require feature="opensocial-0.8" />
 </ModulePrefs>
 <Content type="html">
  <![CDATA[
<script type="text/javascript">
function request() {
 var idspec = opensocial.newIdSpec({ "userId" : "VIEWER"});
 var req = opensocial.newDataRequest();
  req.add(req.newFetchPersonRequest(opensocial.IdSpec.PersonId.VIEWER), "get_
viewer_name");
 req.send(response);
};
 function response(dataResponse) {
 var viewer = dataResponse.get('get_viewer_name').getData();
 var user_name = viewer.getDisplayName();
 document.getElementById('user_name').innerHTML = user_name;
 };
 gadgets.util.registerOnLoadHandler(request);
</script>
<p>안녕하세요, <span id='user_name'></span> 님~!</p>
  ]]>
 </Content>
</Module>
```

앞의 소스 중 '방문자 이름 보이기' 앱스 코드에서 아랫부분 코드에서,

```
<p>안녕하세요, <span id='user_name'></span> 님~!</p>
```

'user_name'이란 부분이 나온다. 이 영역은 앱스 코드에 의해 로그인한 사람의 이름이 나타나는 곳이다. 앱스를 만들 때 따로 지정하지 않아도 위 코드를 그대로 입력하면 된다. 위 코드를 입력한 후, 앱스로 나타난 결과를 보자.

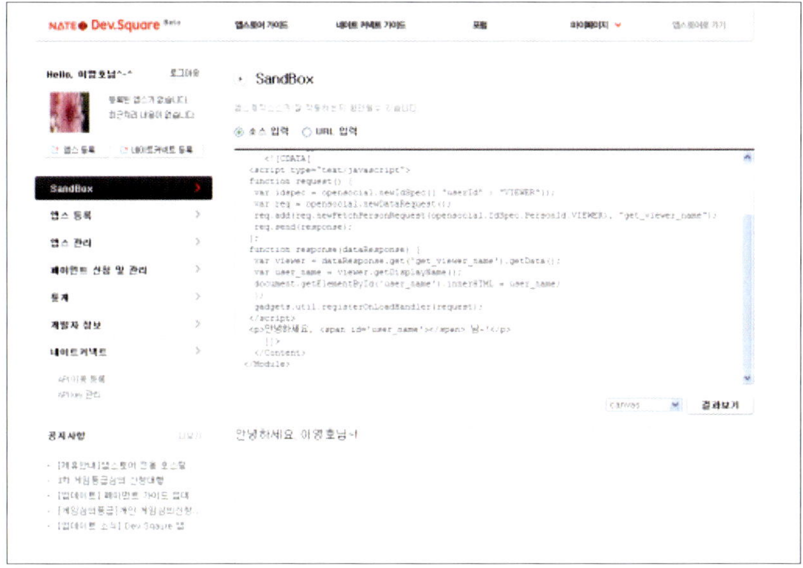

OpenSocial API에 대해 더 많은 정보를 원하면, 아래 링크를 참고하자.

http://code.google.com/intl/ko/apis/opensocial/docs/0.8/spec.html

#_03

JavaScript (OpenSocial API v0.81)

앱스는 OpenSocial의 Javascript API를 지원한다. OpenSocial Javascript API를 가지고 아래의 기능이 가능한데, Cyworld에서 제공하는 API도 활용 가능하다.

> 1. Social Data : 프로필 정보, 친구 목록 가져오기 등
> 2. Persistent Data : 앱스 활용 정보 저장/활용, 친구간 데이터 공유
> 3. Activity : 친구에게 알리기
> 4. 앱스토어 어플리케이션 플랫폼 API : 앨범 가져오기, 사진 가져오기, 스크랩 하기 등

1 Social Data

앱스는 사용자 프로필 정보, 친구 목록 등의 가져오기 동작을 위해 OpenSocial Javascript API를 활용한다. 이때, 주로 다음과 같은 객체들이 사용된다.

- opensocial.DataRequest
- opensocial.IdSpec
- opensocial.DataResponse
- opensocial.ResponseItem
- opensocial.Person

이 객체들에 대한 자세한 사항은 아래 링크를 참고하자.

http://code.google.com/intl/ko/apis/opensocial/docs/0.8/devguide.html#Build_request

앱스를 만들 때 사용 가능한 이러한 내용은 기초 지식으로만 알아두자. '오픈 소셜'이란 글자 그대로 공개된 프로그램 개발 소스라는 뜻이다. 이러한 소스는 각종 사이트를 개발할 때 회원가입 등과 관련된 소스를 찾는 이들에게 유용한 내용이다.

네이트 앱스토어를 만드는 것은 앱스토어 개발자 사이트에서 얼마든지 가능하고, 같은 사이트에서 네이트 앱스토어 담당자에게 앱스 등록 신청을 할 수 있다. 또한, 앱스 이용자의 프로필 정보 및 친구 목록 가져오기 등의 동작은 네이트 앱스토어를 작동시킬 때 크게 요구되는 동작이 아니다.

본 소스코드를 동작시킬 때 제공되는 프로필 항목은 아래와 같다.

- opensocial.Person.Field.ID .... 아이디
- opensocial.Person.Field.NAME .... 이름
- opensocial.Person.Field.PROFILE_URL....... 프로필 주소
- opensocial.Person.Field.THUMBNAIL_URL 썸네일(대표 이미지)
- opensocial.Person.Field.ABOUT_ME .... 소개
- opensocial.Person.Field.ADDRESSES .... 주소
- opensocial.Person.Field.AGE .... 나이
- opensocial.Person.Field.DATE_OF_BIRTH.. 생년월일
- opensocial.Person.Field.GENDER .... 성별
- opensocial.Person.Field.INTERESTS .... 취미
- opensocial.Person.Field.NICKNAME .... 닉네임
- opensocial.Person.Field.HAS_APP .... 앱스

```xml
<?xml version="1.0" encoding="UTF-8" ?>
<Module>
  <ModulePrefs title="방문자 프로필 보기">
    <Require feature="opensocial-0.8" />
  </ModulePrefs>
  <Content type="html">
    <![CDATA[
<script type="text/javascript">
 function request() {
  var params = {};
   params[opensocial.DataRequest.PeopleRequestFields.PROFILE_DETAILS]
= [opensocial.Person.Field.ADDRESSES, opensocial.Person.Field.ABOUT_ME,
opensocial.Person.Field.GENDER, opensocial.Person.Field.AGE, opensocial.Person.
Field.DATE_OF_BIRTH];

  var idspec = opensocial.newIdSpec({ "userId" : "VIEWER"});
  var req = opensocial.newDataRequest();
   req.add(req.newFetchPersonRequest((opensocial.IdSpec.PersonId.VIEWER),
params), "get_viewer");
  req.send(response);
 };

function response(dataResponse) {
var item = dataResponse.get('get_viewer');
if (item.hadError()) {
  // 에러 처리
  return;
}
  var viewer = item.getData();
```

```javascript
    var html = viewer.getDisplayName()+"'님의 프로필 :<br />";

    html += '<ul>';
    html += '<li>CYID : ' + viewer.getId() + '</li>';
    html += '<li>NAME : ' + viewer.getDisplayName() + '</li>';
    html += '<li>ABOUT_ME : ' + viewer.getField(opensocial.Person.Field['ABOUT_
ME']) + '</li>';
    html += '<li>PROFILE_URL : ' + viewer.getField(opensocial.Person.Field['PROFILE_
URL']) + '</li>';
    html += '<li>THUMBNAIL_URL : ' + viewer.getField(opensocial.Person.
Field['THUMBNAIL_URL']) + '</li>';
    html += '<li>AGE : ' + viewer.getField(opensocial.Person.Field['AGE']) + '</li>';
    html += '<li>GENDER : ' + viewer.getField('gender').getDisplayValue() + '</li>';
    // 주소의 full address를 제공하기 위한 배열의 formatted의 값을 제공
    html += '<li>ADDRESS : ' + viewer.getField(opensocial.Person.Field['ADDRESSES'])
['formatted'] + '</li>';
    html += '<li>DATE_OF_BIRTH : ' + viewer.getField(opensocial.Person.Field['DATE_
OF_BIRTH']) + '</li>';
    html += '</ul>';
    document.getElementById('profile').innerHTML = html;
    };

    gadgets.util.registerOnLoadHandler(request);
    </script>

    <div id="profile"></div>

    ]]>
    </Content>
</Module>
```

앱스를 만들 때 [프로필 정보 가져오기] 기능을 입력하고 실행한 결과를 보자.

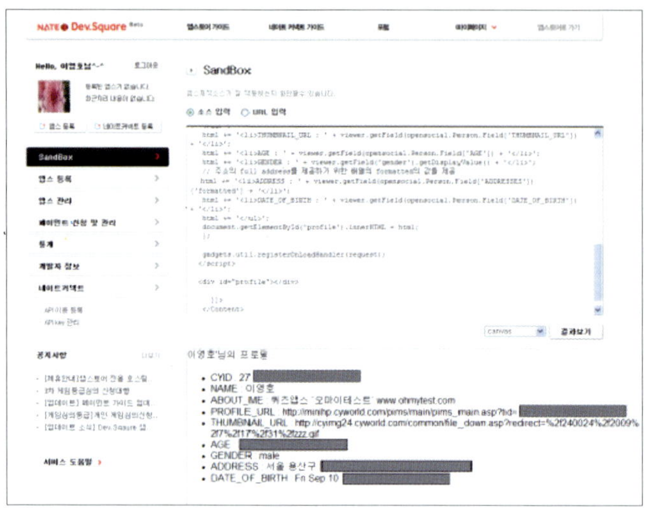

위 이미지를 보면, 프로필 정보 가져오기 기능 소스코드를 실행한 결과, 이용자의 싸이월드 번호, 이름, 소개, 프로필 주소, 이미지, 나이, 성별, 주소, 생년월일이 나타났다.

02 두 번째, [친구 목록 정보] 보기 기능 실행해보기

```
<?xml version="1.0" encoding="UTF-8" ?>
<Module>
<ModulePrefs title="친구목록 보기">
 <Require feature="opensocial-0.8" />
 </ModulePrefs>
<Content type="html">
<![CDATA[
<script type="text/javascript">
function request() {
```

```
  var idspec = opensocial.newIdSpec({ "userId" : "OWNER" , "groupId" : "FRIENDS"});
  var req = opensocial.newDataRequest();
   req.add(req.newFetchPersonRequest(opensocial.IdSpec.PersonId.OWNER), "get_
owner");
  req.add(req.newFetchPeopleRequest(idspec), "get_friends");
  req.send(response);
 };


 function response(dataResponse) {
 var owner = dataResponse.get('get_owner').getData();
 var friends = dataResponse.get('get_friends').getData();
 var html = 'Friends of ' + owner.getDisplayName();
 html += ' :<br />';
 html += '<ul>';


 friends.each(function(person) {
  html += '<li>' + person.getDisplayName() + ' : ' + person.getId() + '</li>';
 });


 html += '</ul>';


 document.getElementById('friend_list').innerHTML = html;    };


 gadgets.util.registerOnLoadHandler(request);
 </script>


 <div id="friend_list"></div>


]]>
</Content>
</Module>
```

위 소스 코드를 입력하고 실행하면 다음과 같은 결과가 나타난다. 싸이월드 미니홈피에서 맺은 이용자의 친구 목록을 가져오게 된다.

2 Persistent Data

앱스를 작동한 후의 결과를 기록하거나 사용자의 설정에 관한 정보 등에 대한 데이터 유지가 필요한 경우, persistent API를 사용하여 저장한 후 필요할 때 사용할 수 있다. 이 방식은 Key &value 방식이라고 해서, key 문자열에는 영문, 숫자(a-zA-Z0-9)와 밑줄(_), 마침표(.)와 대시(-)를 사용할 수 있으며, value 는 JSON 방식으로도 가능하다.

opensocial.DataRequest와 아래의 내용들이 사용됩니다.

- newUpdatePersonAppDataRequest(id, key, value)
- newFetchPersonAppDataRequest(idspec, keys, opt_params)
- newRemovePersonAppDataRequest(id, keys)

단, newUpdatePersonAppDataRequest, newRemovePersonAppData
Request의 경우 첫 번째 인수인 id는 "VIEWER"만 사용 가능하다.

자세한 정보는 아래 링크를 참고하자.

http://code.google.com/intl/ko/apis/opensocial/docs/0.8/devguide.html#Persistent

01 사용자 설정 정보 저장 : 최종 실행시간과 점수

```javascript
function setUserData() {
  var request = opensocial.newDataRequest();

  var data1 = new Date().getTime();
  var data2 = "97";
  request.add(
        request.newUpdatePersonAppDataRequest(
                opensocial.IdSpec.PersonId.VIEWER, "LastExecuteTime", data1
        )
  );
  request.add(
        request.newUpdatePersonAppDataRequest(
                opensocial.IdSpec.PersonId.VIEWER, "Point", data2
        )
  );

  request.send();
}
```

```javascript
function getUserData() {

        var req = opensocial.newDataRequest();
        var fields = [ "LastExecuteTime", "Point"];
        var p = {};
        p[opensocial.IdSpec.Field.USER_ID[]] = "VIEWER";
        var idSpec = opensocial.newIdSpec(p);
        req.add(
        req.newFetchPersonRequest(opensocial.IdSpec.PersonId.VIEWER),
"viewer");
        req.add(req.newFetchPersonAppDataRequest(idSpec, fields), "viewer_
data");

        req.send(function (response) {
                var mydata = response.get("viewer_data");
                var viewer = response.get("viewer");
                me = viewer.getData();

                if (mydata.hadError()) {
                        // 에러 처리
                        return;
                }

                var data = mydata.getData();
                var mydata = data[me.getId()];

                var html = "최종 실행시간 : " + mydata["LastExecuteTime"] + "<br
/>";
```

```javascript
        html += "점수 : " + mydata["Point"] + "<br />";
        document.getElementById('content_div').innerHTML = html;


        }
    );
}
```

03 저장된 정보 삭제

```javascript
function delUserData() {
  var request = opensocial.newDataRequest();
  request.add(request.newRemovePersonAppDataRequest(
      opensocial.IdSpec.PersonId.VIEWER, " LastExecuteTime"));
  request.send();
}
```

위의 소스코드는 모두 앱스토어 개발자 사이트에 공개되어 있으므로, 각 소스코드가 수행하는 기능으로써 역할을 이해하는데 만족하도록 하자.

③ Activities

앱스 작동을 하면서 사용자의 활동을 미니홈피 친구들과 같이 공유할 수 있다. 이 기능들은 '추천, 알림, 결과 공유' 등으로 가능하다.

opensocial.Activity 객체를 사용하며, 아래와 같이 동작한다.

- 새로운 activity를 만들기 위해, 제목(text)를 매개변수로, newActivity()를 호출한다.
- requestCreateActivity()를 통해, 서버에 activity를 보내며, callback을 받는다.
- callback 함수를 통해, 결과를 확인한다.

단, opensocial.Activity.Field.TITLE 만 지원하며, 일반적인 text 형태로 전달할 수 있다.

자세한 정보는 아래 링크를 참고하자.

http://code.google.com/intl/ko/apis/opensocial/docs/0.8/devguide.html#Activities

01 알리기

```
function postActivity() {
  var params = {};
  params[opensocial.Activity.Field.TITLE] = "sample activity, created at " + new
Date().toString());
  var activity = opensocial.newActivity(params);
  opensocial.requestCreateActivity(activity, opensocial.CreateActivityPriority.LOW,
function(status){
        if (status.hadError()){
                alert("Error creating activity.");
        } else {
                alert("Activity successfully created.");
        }
  });
}
```

본 기능은 앱스를 만들 때 포함되는 소스 코드이므로, 이 기능만 한정해서 결과 샘플을 확인하기는 어렵다. 다만, 앞서 앱스를 이용하는 이용자들일 경우, 앱스 추천, 앱스 알림, 앱스 성적 등에 대해 일촌 친구들과 결과를 공유할 수 있게 해주는 기능으로 이해를 해두자.

4 앱스토어 어플리케이션 플랫폼 API 활용

01 Album / Photo 가져오기

API를 활용하여 싸이월드 미니홈피에 있는 앨범과 사진들을 가져올 수 있다. 'Album / Photo 가져오기'는 OpenSocial(v0.9)에서 지원 가능한데, 앱스토어 어플리케이션 플랫폼은 처음 시작할 때는 OpenSocial(v0.81)을 지원했고, 뒤이어 v0.9 지원이 가능했다. 이 기능을 작동하기 위해서는 opensocial. DataRequest가 사용되며, 아래 두 함수가 사용된다.

- newFetchAlbumsRequest(idspec)
- newFetchMediaItemsRequest(idspec, albumId)

Album API 관련한 자세한 정보는 아래 링크를 참고하자.

http://wiki.opensocial.org/index.php?title=Albums_API_Reference_(v0.9)

① Album 가져오기

```
Var req = opensocial.newDataRequest();
var idspec = opensocial.newIdSpec({'userId':'VIEWER', 'groupId':'SELF'});
req.add(req.newFetchAlbumsRequest(idspec), 'viewerAlbums');
req.send(fetchAlbumsHandler);
...
function fetchAlbumsHandler(resp) {
 var viewerAlbumsResp = resp.get('viewerAlbums');
 if (!viewerAlbumsResp.hadError()) {
  var viewerAlbums = viewerAlbumsResp.getData();

  viewerAlbums.each(
   function(album) {
    // 각 앨범에 대한 처리
   }
  );
 }
};
```

 초보자를 위한 네이트 앱스토어에서 앱스 만들기

❷ Photo 가져오기

```
var album = viewerAlbums.asArray()[0];

...


if (album != null) {
 var req = opensocial.newDataRequest();
 var idspec = opensocial.newIdSpec({'userId':album.getField(opensocial.Album.
Field.OWNER_ID), 'groupId':'SELF'});


 req.add(req.newFetchMediaItemsRequest(idspec, album.getId()), 'albumPhotos');
 req.send(fetchPhotosHandler);
}


function fetchPhotosHandler(resp) {
 var albumPhotosResp = resp.get('albumPhotos'); // use the key passed with the
request to "get" the appropriate data


 if (!albumPhotosResp.hadError()) {
  var albumPhotos = albumPhotosResp.getData();


  albumPhotos.each(
   function(photo) {
    // 각 photo에 대한 처리
   }
  );
 }
};
```

02 게시물로 저장하기

앱스를 동작하면서 만든이가 정해둔 특정한 내용을 미니홈피 게시판으로 저장 가능하도록 팝업창을 열어준다. 이 기능을 통해, 미니홈피 게시판에 앱스 정보와 내용이 올려지고, 앱스를 이용한 이용자는 미니홈피 UI(User Interface)를 통해 자신의 미니홈피 메뉴 중 원하는 폴더에 게시물을 저장할 수 있다. 다만, 앱스를 이용하는 사람이 싸이월드 회원이 아닐 경우 이 기능은 동작하지 않는다.

게시물로 저장하기 기능을 위해 아래의 함수가 사용된다.

- openNate.minihpScrap(params)

해당 함수 관련 정보는 아래와 같습니다.

- Parameters : Map.〈openNate.ScrapParameters, Object〉 params – 스크랩을 위한 필수 파라미터
- Returns : None – 팝업창 오픈
- Fields : openNate.ScrapParameters.CONTENT

스크랩되어 게시물로 저장될 내용을 정의한다. 데이터 타입은 STRING이고, 게시물 내용에 포함할 수 있는 태그는 〈p〉, 〈font〉, 〈strong〉, 〈em〉, 〈u〉, 〈strike〉, 〈hr〉, 〈img〉, 〈div〉 등이다.

이 API를 사용하려면, 아래와 같이 ModulePrefs에 'opennate' feature를 정의해야 한다.

```
<ModulePrefs title="게시물로 저장하기">
        <Require feature="opennate" />
</ModulePrefs>
```

```
<script type="text/javascript">
function scrap(){
        var params = {};
        params[openNate.ScrapParameters.CONTENT] = "<u>게시물</u>로 저장
되는 내용";
        openNate.minihpScrap(params);
}
</script>


<a onclick="scrap();">게시물로 저장하기</a>
```

03 requestShareApp

이 API를 이용하여 앱스 내에서 관심 있는 앱스로 일촌을 초대하는 기능을 붙일 수 있으며, 이를 통해 앱스 개발자는 앱스를 추천해준 이용자에게 어떤 혜택을 줄 수 있다.

〈static〉 requestShareApp(recipients, reason, opt_callback)
Array.〈String〉, String recipients –

초대받을 일촌의 ID이며 배열형태로 입력한다. 그룹참조는 지원하지 않는다. VIEWER의 일촌이 아닌 경우 ID를 입력하더라도 초대장이 발송되지 않는다. (파라미터를 null로 세팅할 경우 앱스토어에서 제공하는 일촌 초대 팝업 UI가 제공된다.)

opensocial.Message reason – 일촌 초대 메시지를 입력한다.

입력할 데이터는 opensocial.Message 타입이다. 입력한 메시지는 앱스토어의 기본 초대메시지와 함께 초대장에 표시되고, 파라미터를 null로 세팅할 경우 앱스토어의 기본 초대메시지만 전송된다.

Function opt_callback – 일촌 초대가 완료될 경우 수행할 callback 함수를 지정한다.

Recipients 를 입력하였더라도 유효한 ID가 없으면 ERROR 를 전송하게 된다.

예) 1) recipients 에게 (앱스토어 기본 초대 메시지 + reason) 이라는 내용의 초대장을 발송할 경우

    openSocial.requestShareApp(recipientS , reaSon, opt_callback);

   2) recipientS 에게 (앱스토어 기본 초대 메시지)로 초대장을 발송할 경우

    openSocial.requestShareApp(recipientS , null, opt_callback);

   3) 팝업 UI 를 이용하여 초대장을 발송할 경우

    openSocial.requestShareApp(null , reaSon, opt_callback);

    openSocial.requestShareApp(null , null, opt_callback);

위 소스코드를 포함하여 앱스 소스를 작성할 경우는 다음과 같다.

```xml
<?xml version="1.0" encoding="UTF-8"?>
<Module>
    <ModulePrefs title="RequestShareApp">
        <Require feature="opensocial-0.8"/>
    </ModulePrefs>
    <Content type="html" view="canvas">
    <![CDATA[
    <script type="text/javascript">

var body = "Come on~";
 // create an opensocial.Message object
var reason = opensocial.newMessage(body);
```

 초보자를 위한 네이트 앱스토어에서 앱스 만들기

```
            // provide a UI for the user to generate
            // this array of recipient IDs (only my friends)
            var recipients = [ '22122167', '22198861' ];

                    function afterShare(data) {
                            if( data.hadError() ) {
                                    alert("Failed to share");
                            } else {
                                    alert("Shared");
                            }
                    }

            // initiate requestShareApp
            opensocial.requestShareApp(recipients, reason, afterShare);


            </script>
            ]]>
            </Content>
</Module>
```

#_04

외부 컨텐츠 가져오기

앱스는 다른 웹서비스에서 제공되는 컨텐츠들을 가져와 매쉬업을 통해 사용자에게 제공할 수 있다. 외부 서버와의 통신은 Gadget Core Javascript API에 정의된 gadget.io.makeRequest() 함수를 통해 가능하며, TEXT, XML, FEED, JSON 형식 등의 다양한 데이터를 처리한다.

String url : 컨텐츠가 있는 URL

PFunction callback : URL에서 데이터를 가져온 뒤, 그 데이터로 호출할 함수

opt_params : 요청에 필요한 추가 매개변수로써 다음 내용을 지정할 수 있습니다.

- 요청의 콘텐츠 유형 (TEXT, XML, FEED 및 JSON)
- 요청의 메서드 유형 (POST 또는 GET)
- 요청에 포함할 모든 헤더
- 인증 유형 (NONE, SIGNED 및 OAUTH)

gadget.io.makeRequest() 에 대한 자세한 정보는 다음 링크를 참고하자.

http://code.google.com/intl/ko/apis/gadgets/docs/remote-content.html

❶ 외부 서버의 JSON data 가져오기

```javascript
function makeJSONRequest() {
 var params = {};
 params[gadgets.io.RequestParameters.CONTENT_TYPE] = gadgets.io.ContentType.
JSON;
 // This URL returns a JSON-encoded string that represents a JavaScript object
 var url = "http://test.com/json-data.txt";
 gadgets.io.makeRequest(url, response, params);
};


function response(obj) {
 var jsondata = obj.data;
 var html = "";


for (var key in jsondata) {
        var value = jsondata[key];
        html += key + ": ";

        if (value instanceof Array)
        {
         html += "<br /><ul>";
         for (var i = 0; i < value.length ; i++)
         {
                html += "<li>"+ jsondata.Hobbies[i] + "</li>";
         }
         html+= "</ul>";
        } else {
         html += value + "<br />";
        }
 }
 document.getElementById('content_div').innerHTML = html;
};
```

* **json_data.txt 의 컨텐츠**

```
{"Name" : "Rowan", "Breed" : "Labrador Retriever", "Hobbies" : ["fetching",
"swimming", "tugging", "eating"]}
```

01 인증이 필요한 경우

외부 서버와 통신을 할 경우, 외부서버는 들어온 요청에 대해 인증을 필요로 하는 경우가 있다. 아래 두 가지에 대해 확인하며, 이로써 잘못된 요청을 거절할 수 있다.

- SocialApps 플랫폼에서 보낸 요청이다.
  - 요청 내용이 변경되지 않았다.

이를 위해, makeRequest()는 세가지 인증 유형을 지원한다.

- gadgets.io.AuthorizationType.NONE : 기본값
- gadgets.io.AuthorizationType.SIGNED : 서명 요청
- gadgets.io.AuthorizationType.OAUTH : OAuth 프로토콜을 사용

서명 요청을 하려면, AUTHORIZATION에 gadgets.io.AuthorizationType. SIGNED를 지정합니다.

```
var url = "http://your.server.host/recent";
var params = {};
params[gadgets.io.RequestParameters.AUTHORIZATION] = gadgets.
io.AuthorizationType.SIGNED;
gadgets.io.makeRequest(url, function(response) {
  // do something...
}, params);
```

외부 서버로의 요청 전송 시에는, 다음과 같은 매개변수가 추가로 전달된다.

- oauth_consumer_key : nate.com

- oauth_signature_method: RSA-SHA1

외부 서버는, 이 매개변수 값으로 서명하고, 공개키를 사용하여 요청을 인증한다.

02 앱스토어 어플리케이션 플랫폼 공개키 정보

- oauth_consumer_key : nate.com

- xoauth_signature_publickey : http://devsquare.nate.com/public.crt

- oauth_signature_method : RSA-SHA1

- certificate Location : http://devsquare.nate.com/public.crt

- certificate Text

-----BEGIN CERTIFICATE-----

MIIDEjCCAnugAwIBAgIBADANBgkqhkiG9w0BAQUFADBqMQswCQYDVQQGEwJLUjEO

MAwGA1UECBMFS29yZWExDjAMBgNVBAcTBVNlb3VsMRkwFwYDVQQKExBTa0NvbW11

bmljYXRpb25zMQ0wCwYDVQQLEwRHU0RUMREwDwYDVQQDEwhuYXRlLmNvbTAeFw0w

OTA2MDQwMzExMzFaFw0xMDA2MDQwMzExMzFaMGoxCzAJBgNVBAYTAktSMQ4wDAYD

VQQIEwVLb3JlYTEOMAwGA1UEBxMFU2VvdWwxGTAXBgNVBAoTEFNrQ29tbXVuaWNh

dGlvbnMxDTALBgNVBAsTBEdTRFQxETAPBgNVBAMTCG5hdGUuY29tMIGfMA0GCSqG

SIb3DQEBAQUAA4GNADCBiQKBgQDOqs9CIn3iUNlYPbpyz5VQitoEW85YAQHm0AUz

VoHgFTc3uyefPmqEcfk8idWdWCOkzoR2SM8jmQCSQThyTH+LlhPvPK7TFQgapI0s

1KHHS2nUNpEm5X26IqBthxdPccYkQ4FPaOnZBgxbyUeEVEczF4H0cJ1Hwtnye+2B

X1MAGQIDAQABo4HHMIHEMB0GA1UdDgQWBBQsNFgi61VyYF2TfnQuJbVDJ6GNEDCB

lAYDVR0jBIGMMIGJgBQsNFgi61VyYF2TfnQuJbVDJ6GNEKFupGwwajELMAkGA1UE

BhMCS1IxDjAMBgNVBAgTBUtvcmVhMQ4wDAYDVQQHEwVTZW91bDEZMBcGA1UEChMQ

U2tDb21tdW5pY2F0aW9uczENMAsGA1UECxMER1NEVERMA8GA1UEAxMIbmF0ZS5j

b22CAQAwDAYDVR0TBAUwAwEB/zANBgkqhkiG9w0BAQUFAAOBgQAbsSxeoWiKgzub

T613jL1MGqOjZ9psiYs+mG7mYGxRY0Ol0M5G8Iz6tx1R7wir5cUNFJt0QRENJ0lH

nAJ7lUrrxMs9HblOILdARKjkIHNhzp6pl6YKOstxxJaNPXma6U9BV+X1Gj7fz/fj

T3h1PXlrMldLhw6Yhn+KO/vdd/m4HQ==

-----END CERTIFICATE-----

외부 서버에서 서명된 요청을 인증하는 방법은 아래 링크를 참고하자.

http://wiki.opensocial.org/index.php?title=Validating_Signed_Requests

OAuth를 활용한 인증은 아래 링크를 참고하자.

http://code.google.com/intl/ko/apis/gadgets/docs/oauth.html

03 UI 개발 가이드 – 플래시 앱스의 레이어 가이드

1. param의 태그는 꼭 닫기태그를 삽입한다.

```
<param name="allowFullScreen" value="false" />
```

2. object 하위에 object가 또 삽입될 경우 validation을 통과하지 못하므로 IE 전용 태그로 하위 object를 삽입한다. param 값을 object에 적는 것이 아닌 <object>와 </object> 사이에 삽입한다.

```
<!--[if !IE]>
<object type="application/x-shockwave-flash" data="ex.swf" width="400" height="213">
  <param name="wmode" value="transparent" />
  <param name="flashvars" value="xml-url" />
 </object>
<![endif]-->
```

3. 제공되는 script 파일(skiui.js)을 페이지의 <head>와 </head> 사이에 삽입하고, 다음과 같이 script를 이용해서 삽입한다. Script로 삽입한 후 noscript를 추가해서 접근성을 확보한다.

```
플래시 삽입용 js 추가
<script type="text/javascript" src="http://appstore.nate.com/js/apps/skiui.js"> </script>
<script type="text/javascript">
//<![CDATA[
        skiui.addFlash('swf 경로', 'swf ID', width, height, 'wmode', ' flashvar');
//]]>
</script>
```

이때, wmode와 flashvar는 생략 가능하고, 나머지는 필수로 작성해야 한다.

* etc. 전체 삽입 예제

```
<script type="text/javascript">
//<![CDATA[
        skiui.addFlash('http://minihp-uidev.cyworld.com/flash/appstory/swf/appstory.swf', 'appstory', 400, 213, 'transparent', 'owener_id=1&viewer_id=null&apps_info_url=http://minihp-uidev.cyworld.com/flash/appstory/xml/appcy.xml&delay_time=0&extra=null');
//]]>
</script>
<noscript>
 <object classid="clsid:d27cdb6e-ae6d-11cf-96b8-444553540000" codebase="http://download.macromedia.com/pub/shockwave/cabs/flash/
```

```html
swflash.cab#version=10,0,0,0" width="400" height="213" id="appstory"
style="outline:none;" >
  <param name="allowScriptAccess" value="always" />
  <param name="allowFullScreen" value="false" />
  <param name="movie" value="http://minihp-uidev.cyworld.com/flash/appstory/
swf/appstory...swf" />
  <param name="wmode" value="transparent" />
  <param name="flashvars" value="owener_id=1&viewer_id=null&apps_info_
url=http://minihp-uidev.cyworld.com/flash/appstory/xml/appcy.xml&delay_
time=0&extra=null" />
  <!--[if !IE]>
  <object type="application/x-shockwave-flash" data="http://minihp-uidev.cyworld.
com/flash/appstory/swf/appstory.swf" width="400" height="213">
  <param name="wmode" value="transparent" />
  <param name="flashvars" value="owener_id=1&viewer_id=null&apps_info_
url=http://minihp-uidev.cyworld.com/flash/appstory/xml/appcy.xml&delay_
time=0&extra=null" />
  <h1>Require flash player</h1><p><a href="http://www.adobe.com/go/
getflashplayer"><img src="http://www.adobe.com/images/shared/download_
buttons/get_flash_player.gif" alt="Get Adobe Flash player" /></a></p>
  </object>
  <![endif]-->
 </object>
</noscript>
```

 초보자를 위한 네이트 앱스토어에서 앱스 만들기

#_05
Google OpenSocial 활용하기

오픈소셜 API 개발자 가이드 (OpenSocial API v0.8.1)

이 가이드는 오픈 소셜 프로그램을 만드는 데 도움되는 내용이다. 이 가이드를 통해 실질적인 도움을 얻으려면 Gadgets API와 자바스크립트에 익숙해야 한다. 본 단락에서는 앞서 설명한 네이트 앱스토어 개발 가이드에서 소개한 내용 외에 추가적으로 알아두어야 할 내용을 소개한다.

순서

1. 소셜 어플리케이션 작성하기
2. 오픈소셜 라이브러리 가져오기
3. 인물과 프로필 접속 연결하기
4. 가젯 스페시피케이션 만들기
5. 어플리케이션 구조 만들기

1 소셜 어플리케이션 작성하기

오픈소셜 프로그램을 운영하는 사이트는 오픈소셜 콘테이너라고 부르기로 하자. 소셜오플리케이션은 단순하게 오픈소셜 콘테이너를 구동하기 위함이다. 소셜 어플리케이션을 작성하기 위해 자바스크립트에 대한 이해가 필요한데, 가젯으로 만들어진 오픈소셜 어플리케이션을 알려면 가젯이 어떤 구조인지 알아야 하기 때문이다. 다만, 여러분들이 익숙하다면 RESTful이나 RPC API를 사용해도 된다.

2 오픈소셜 라이브러리 가져오기

각각의 '가젯'은 다음과 같은 구조를 가졌다.

```
<?xml version="1.0" encoding="UTF-8" ?>
<Module>
<ModulePrefs title="Standard gadget structure">
</ModulePrefs>
<Content type="html">
 <![CDATA[
                가젯 컨텐츠는 여기에 적는다.
]]>
</Content>
</Module>
```

오픈소셜을 사용하는 가젯을 만들었다면 ModulePrefs section에 이어 추가한다.

```
<Require feature="opensocial-0.8"/>
```

이 작업은 다음과 같은 오픈소셜 가젯의 구조를 만든다.

```xml
<?xml version="1.0" encoding="UTF-8" ?>
<Module>
<ModulePrefs title="Standard gadget structure">
<Require feature="opensocial-0.8"/>
</ModulePrefs>
<Content type="html">
<![CDATA[
        가젯 콘텐츠는 여기에 적는다.
]]>
</Content>
</Module>
```

3 인물과 프로필 연결

쉬운 예를 들어 알아보자. 여러분의 친구 목록을 사용하는데, 우선, 오픈소셜 API를 구성하는 각각의 역할에 대해 이해하는 게 중요하다.

- **뷰어 : 웹브라우저에 접속한 사용자. 뷰어로 여러분은 다른 이 또는 스스로의 페이지를 볼 수 있다.**
- **오너 : 자기 자신의 프로필 및 어플리케이션을 소유한 이용자**
- **친구들 : 콘테이너에서 친구로 추가된 뷰어 또는 오너들**

'친구 목록'은 뷰어와 뷰어의 친구들로 설명되는데, 친구 목록을 디스플레이하게 된다.

기초 과정은 다음과 같다. :

이러한 과정은 아래와 같이 더욱 자세하게 나뉜다.

 ## 4 가젯 스페시피케이션 만들기

가젯 스페시피케이션을 사용해서 가젯을 만들어보자.

```xml
<?xml version="1.0" encoding="UTF-8" ?>
<Module>
<ModulePrefs title="List Friends Example">
<Require feature="opensocial-0.8"/>
</ModulePrefs>
<Content type="html">
<![CDATA[
  <script type="text/javascript">
  </script>
  <div id="message">
  </div>
 ]]>
</Content>
</Module>
```

이어서, 어플리케이션 구조를 만들도록 하자. 이러한 과정은 자바 스크립트 기능으로 구성된다.

```
<script type="text/javascript">
/**
* Request the OWNER and OWNER's friends.
*/
function request() {
};
/**
* Parses the response and generates html to list the names of the owner and
* his or her friends.
*
* @param {Object} dataResponse Friend information that was requested.
*/
function response(dataResponse) {
};
// Execute the request function when the application is finished loading.
gadgets.util.registerOnLoadHandler(request);
</script>
```

앱스토어, 이것만은 알아주자

#_01 개발 가이드

#_02 광고 가이드 : 광고 소재 규정, 광고 사이트 규정

#_03 앱스 운영 가이드

#_04 개인정보 보호 가이드

#_05 CS 대응 가이드

#_06 서비스 지연 및 장애 가이드

#_07 게임 앱스 가이드

개발 가이드

네이트 앱스토어에서 제공하는 개발가이드이다. 내용을 숙지하고 하나씩 적용하도록 하자.

1 아이콘

앱스를 나타내는 작은 대표 이미지로 앱스명 바로 앞에 위치한다. 앱스명이 같을 경우, 다른 앱스와 구분할 수 있도록 도와준다.

크기	16px X 16px
테두리	테두리 없음
파일형식	jpg, gif * 애니메이션(움직이는) 또는 반투명 형태 불가
기타	필수 등록 네이트 혹은 싸이월드 로고 이미지 사용할 수 없음

예시)

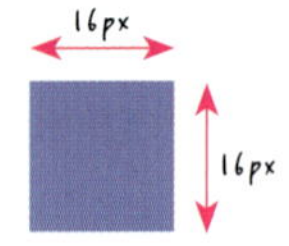

② 썸네일

앱스토어의 앱스 목록에서 이용자가 나열된 앱스를 살펴보면서 앱스를 알아보기 쉽게 도와주는 이미지이다.

크기	103px X 103px
테두리	테두리 없음 (테두리, 라운드, 그림자처리 등 별도의 외곽처리효과 금지)
파일형식	jpg, gif * 애니메이션(움직이는) 또는 반투명 형태 불가
기타	필수 등록 네이트 혹은 싸이월드 로고 이미지 사용할 수 없음

예시)

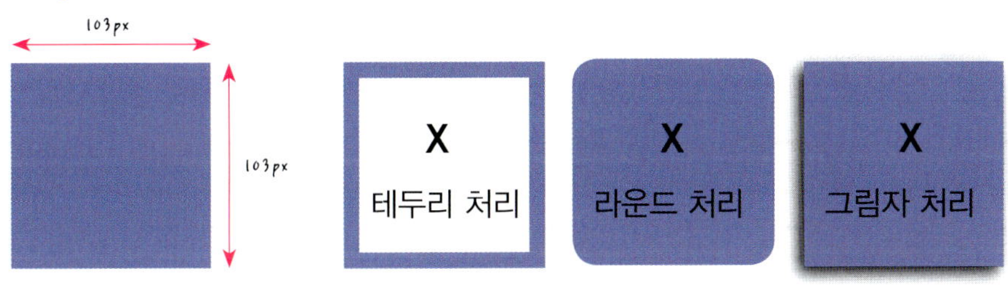

③ 대표이미지

앱스토어의 앱스 소개페이지에서 이용자에게 앱스를 미리 보여주는 이미지이다. 캔버스뷰에서 실행되는 앱스의 한 부분이나 앱스 활동결과 등 앱스를 추가했을 때 회원이 접하게 되는 화면을 제공할 수 있다.

크기	221px X 221px
테두리	테두리 없음 (테두리, 라운드, 그림자처리 등 별도의 외곽처리효과 금지)
파일형식	jpg, gif * 애니메이션(움직이는) 또는 반투명 형태 불가
기타	1개 필수 등록, 최대 3개까지 네이트 혹은 싸이월드 로고 이미지 사용할 수 없음

예시)

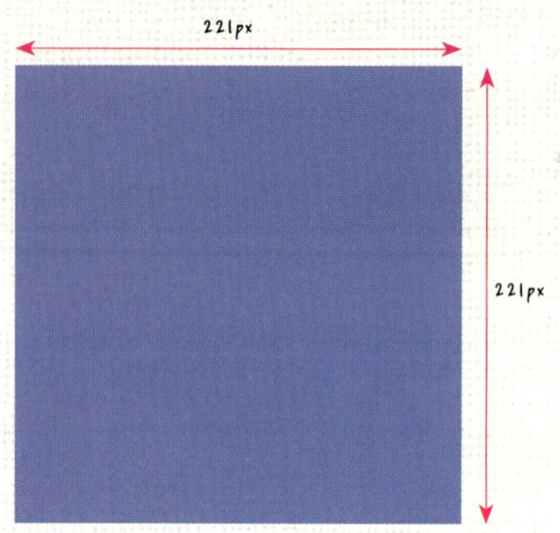

4 숏컷

OpenSocial Views 가운데 'Profile'로 올린 소스가 렌더링되어 보여지는 공간이다. 캔버스뷰보다 작은 영역으로, 요약된 앱스 정보를 보여주며 미니홈피 주인에게 앱스 활동정보를 제공한다.

또한, Profile 정보를 불러오지 않고 앱스를 체험할 수 있는 기능을 제공할 수 있다. 예를 들어, 숏컷 내부에 마우스를 클릭하여 '손 흔들기' 기능이 있다면, 앱스 추가 여부와 무관하게 방문자는 손 흔들기 기능을 경험할 수 있다.

무엇보다 숏컷은 미니홈피 홈탭의 앱스토리에서 구현되기 때문에, 미니홈피 방문자에게도 앱스가 보이게 된다. 따라서, 앱스를 추가한 회원이 앱스를 통해 아이덴티티를 표현할 수 있도록 구성하는 것이 중요하다.

01 꼭 해야 하는 것

1. 숏컷에서 보여지는 정보는 앱스를 추가한 이용자의 정보여야 한다. 예를 들어, IQ테스트 와 같은 앱스는 IQ점수, 심리테스트와 같은 앱스는 테스트 결과와 같은 것이다.

2. 숏컷의 내용이 프로필 정보를 불러온다면, 미니홈피 주인의 프로필 정보만 불러와야 한다. 방문자가 미니홈피에 들어왔을 때, 방문자의 프로필 정보를 불러와서 보이면 안 된다. 예를 들어, 숏컷의 내용 중 '홍길동 - 140점'처럼 이름과 활동결과가 나온다면, 이름 은 미니홈피 주인의 이름이어야 하고, 방문자의 이름이 나와서는 안 된다.

3. 숏컷의 내용에 주인의 일촌리스트가 보이게 된다면, 그 리스트는 방문자의 조건에 따라 다르게 보여야만 한다. 방문자의 조건이라 함은 미니홈피 주인과의 일촌여부와 미니홈피 주인의 일촌공개설정 조합을 의미한다. 예를 들어, 방문자가 일촌이면서 미니홈피 주인 의 일촌공개설정이 비공개일 경우, 방문자는 일촌리스트를 볼 수 없다. 방문자가 일촌이 아니며 미니홈피 주인의 일촌공개설정이 일촌공개일 경우, 방문자는 일촌리스트를 볼 수 없다.

02 지키면 좋을 것

1. 숏컷 영역이 제한적이니, 아래 디자인 가이드에 맞추면 최적 인터페이스를 제공하게 된다.

크기	274px X 155px

2. 숏컷에 보여질 'profile'소스를 등록하지 않으면, 앱스의 대표이미지가 숏컷으로 앱스토리 에 보이게 된다. 가능하면 'profile'소스를 입력하여 보다 재미있는 앱스로 구성하자.

03 해서는 안 되는 것

1. 숏컷을 통해 자동재생(Autoplay)되거나 방문자 접근 시 자동으로 컨텐츠를 움직이도록 노 출해서는 안 된다. 미니홈피에는 배경음악(BGM), 플래시콘과 같이 이용자가 직접 구매한 디지털아이템들이 많고 앱스의 숏컷 중 자동으로 움직이는 것이 있으면 회원에게 혼란스 러움을 줄 수 있기 때문이다.

2. 앱스를 추가하지 않은 방문자에게 앱스를 추가하라고 강요하는 숏컷을 보여서는 안 된다.

3. 숏컷은 플래시로 제작되면 안 된다.

5 캔버스뷰

캔버스뷰는 앱스를 추가한 회원이 앱스를 경험할 수 있는 페이지로, 앱스 소스 등록 시 OpenSocial에서 Views 중 'Canvas'로 올린 소스가 렌더링되어 보인다.

01 꼭 해야 하는 것

1. 캔버스뷰에는 반드시 회원이 경험할 수 있는 앱스의 핵심 기능들이 있어야 한다.

2. 캔버스뷰 내에 게재할 수 있는 광고는 앱스토어 어플리케이션 플랫폼 가이드에서 정한 광고 가이드에 따라야 한다.

02 지키면 좋을 것

1. 캔버스뷰 영역은 가로 최대 760px이다. 실행되는 앱스를 이 가이드에 맞추면 최적의 인터페이스를 제공하게 된다.

2. 앱스 내의 '게시물로 저장하기' API를 활용한다.

03 해서는 안 되는 것

1. 캔버스뷰에서 실행되는 앱스 없이 다른 사이트로 리다이렉트하면 안 된다.

2. 캔버스뷰에 있는 링크들은 캔버스뷰에서 보여지는 내용과 다른 내용을 가진 페이지/사이트로 보내지면 안 된다.

3. 실행되는 앱스영역과 광고가 많이 섞여서 앱스를 체험하는데 방해를 해서는 안 된다.

4. ActiveX 설치를 해서는 안 된다.

5. 네이트 혹은 싸이월드 로고 이미지는 사용할 수 없다.

6 체험하기

체험하기는 앱스를 추가하지 않은 이용자가 앱스추가없이 '방문자'의 조건으로
앱스를 경험해볼 수 있는 페이지로, 앱스 소스 등록 시 OpenSocial에서 Views
중 'Preview'로 올린 소스가 랜더링되어 보인다.

01 꼭 해야 하는 것

1. 앱스를 추가하지 않은 이용자가 체험하기를 할 경우, 방문자 자격으로 앱스를 경험할 수
   있도록 설정되어야 한다.

02 지키면 좋을 것

1. 체험하기는 앱스의 전 기능을 경험할 수 있도록 하는 것이 좋다. 프로필 정보를 반드시
   가져와야 할 경우에는 그 앞 단계까지만 체험할 수 있게 해도 된다.

03 해서는 안 되는 것

1. 추가한 후에 경험하게 되는 앱스와 내용, 디자인이 확연하게 다르면 안 된다.

2. 앱스 추가를 강요하는 광고성 체험하기는 안 된다.

7 게시물로 저장하기

앱스를 이용자의 미니홈피로 스크랩할 수 있는 기능으로, 앱스 소스 등록 시
Views 중 Canvas 중 게시물로 저장하기 할 때, 보낼 HTML을 준비해야 한다.
이 기능을 앱스 내에 추가해두면, 게시물이 일촌들 사이에서 스크랩되어 입소
문 효과를 볼 수 있다.

01 꼭 해야 하는 것

1. 한글로 '게시물로 저장하기'라는 문구가 담긴 버튼을 앱스 내에 위치시켜야 합니다.

02 지키면 좋을 것

1. 앱스에 대한 유저 활동 결과와 무관한 광고 내용이 들어가면 안 됩니다.

8 알림 가이드

OpenSocial의 API 중 'Activity'를 통해 앱스를 추가한 회원의 마이싸이월드/ 마이네이트로 앱스 관련 업데이트 및 활동들을 보낼 수 있다. 이렇게 보내진 Feeds는 앱스소식 중 '정보'로 회원에게 알려지게 된다.

01 꼭 해야 하는 것

1. Feeds내의 회원명에 링크는 회원의 미니홈피 중 마이앱스여야 합니다.

2. Feeds내의 앱스명에 링크는 앱스의 소개페이지 혹은 캔버스뷰여야 합니다.

3. Feeds는 회원 1명에게 하루 최대 5개까지 발송 가능합니다.

02 해서는 안 되는 것

1. 앱스 Feeds는 한글 500자, 영문 1000자를 넘을 수 없습니다.

2. Feeds에 앱스 소개페이지, 앱스 캔버스뷰 외에 다른 페이지들을 링크걸 수 없습니다.

3. 앱스 업데이트 내용 외 앱스와 무관한 문구나 광고, 성인용 문구를 보내면 안 됩니다.

4. 회원을 속이는 문구 "OO를 보시려면 여기를 클릭하세요"가 게재되지 않도록 해야 합니다.

#_02

광고 가이드 : 광고 소재 규정, 광고 사이트 규정

 1 광고 가이드

앱스토어 어플리케이션 플랫폼의 앱스토어에서 앱스가 실행되는 영역인 캔버스뷰에는 광고 또는 스폰서 링크를 추가할 수 있으며, 앱스제공자는 직접 광고를 배치하여 자유롭게 사용할 수 있습니다. 단, 앱스토리 내의 숏컷에는 광고를 적용할 수 없습니다. 본 광고가이드는 앱스제공자가 앱스토어 어플리케이션 플랫폼에 등록하는 앱스 내에 광고상품을 삽입할 경우에 있어서 앱스제공자의 권리, 의무 및 책임사항 등에 대한 안내입니다.

광고가이드는 수정, 추가, 변경할 수 있으며, 수정, 추가, 변경된 가이드가 적용되기 15일 전 Dev.Square에 등록된 개발자/업체의 이메일을 통하여 개별 연락을 취하고, 적용 전 1주일까지 반대 의사를 표명하지 않을 경우 변경된 가이드를 따르는 것으로 합니다.

01 해서는 안 되는 것

1. 캔버스뷰에 앱스보다 광고가 더 비중 있게 차지되어서는 안 된다.

2. 1024 X 768화면에서 20% 이상 광고가 차지되어서는 안 된다.

3. 미니홈피 숏컷에 광고를 게재하면 안 된다.

1. 업종별 규정

성인 음란물
- 성인방송, 성인오락, 성인용품, 성인 커뮤니티 광고는 집행 불가합니다.
- 아래와 같은 단어 및 이미지는 사용하실 수 없습니다.
    ① 미성년자, 특정 인물, 특정 직업을 성적으로 연상시키거나 의미하는 단어 또는 이미지
    ② 성행위, 성기를 뜻하거나 연상시키는 단어 (ex : sex, 누드) 또는 이미지
    ③ 불법 사이트 또는 성인 사이트의 이름이나 이와 유사한 단어 또는 연상되는 이미지
- 집행 도중이라 하더라도 심각한 민원이 발생하는 등 SK커뮤니케이션즈의 이미지에 부정적인 영향을 미치는 광고에 대해서는 소재교체 또는 중단 요청할 수 있습니다.

도박 및 복권 등의 사행성 소재
- 온라인 카지노, 불법적인 경마, 도박 및 이와 유사한 행위와 관련된 광고는 금지되어 있습니다.
- 합법적인 복권 광고는 허용됩니다.

주류 및 담배, 총기류
- 주류 광고 집행 불가합니다.
- 담배 광고 진행 불가합니다. 단, 기업 이미지 광고는 집행 가능합니다.(청소년보호법, 국민건강증진법, 담배사업법에 의거 국내외에서 금지하는 표현을 사용할 수 없음)
- 총기 및 무기류 광고 진행 불가합니다.

정당 및 선거

- 선거법 규정 광고 가능일 동안에만 법규에 어긋나지 않는 한도 내에서 집행이 가능합니다.

관람 대상이 제한적인 영화 및 비디오

- 성인영화는 국가공인기관에서 심의 통과한 연소자관람가 예고편에 한해 광고 진행 가능하며, 연소자관람불가 예고편은 집행 불가합니다.
- 피, 귀신, 괴물, 시체 및 기타 이미지/사운드를 통해 사용자로 하여금 심한 혐오감이나 공포심을 유발시킬 수 있는 소재는 사용하실 수 없습니다.

대출

- 대출 광고 집행 불가합니다.

불법 유통업체 (온라인 쇼핑몰, 통신판매업 포함)

- 아래와 같이 관련법령 또는 사회 통념상 판매 또는 유통이 불가한 제품을 취급하는 사이트는 광고 집행 불가합니다.
  ① 불법복제 및 특허권, 상표권, 의장권, 실용신안권 등 타인의 지적재산권을 침해하는 물품
  ② 심의결과 유통불가 처리되거나 제작, 유통이 허가되지 않은 미등록 영상매체물 (동영상, MP3, 음반, 불법소프트웨어)
  ③ 주류, 담배, 총기류 등의 온라인 거래가 금지된 물품
  ④ 국내 유통이 금지된 물품
- 수입건강식품 직배송 및 온라인 판매 사이트는 건강기능식품에 관한 법률 제 6조 1.2항에 의거하여 아래와 같은 서류가 있을 경우에만 서류 공유 후 광고 진행 가능합니다.
- 사업자등록증, 건강기능식품 수입 및 판매업 영업 신고증 (지방식품의약품안전청 또는 시, 군, 구청장 발행)

종교 및 단체

- 특정 종교 및 단체를 편파적으로 옹호하는 경우 집행 불가합니다.

병원 및 의료관련

- 선정적, 혐오적 치료사진 및 방법 담은 이미지, 문구 사용 불가합니다.(의원 및 병원이 클리닉, 전문센터 등으로 표기 불가)
- 최상급 표현은 의료법 위배 사항으로 집행 불가합니다.
- 진료비 또는 수술비 할인행사 등 할인 패키지 내용으로 광고 집행 불가합니다.
- 체중감량, 개선, 정보제공 등을 목적으로 하는 사이트는 [한국건강기능식품협회]에서 정한 기준 이상의 체중감량, 표현의 과장광고 문구는 광고문안 [설명, 부가정보, 이미지] 등에 사용하실 수 없습니다.
- 식품보조제의 경우 의약품이 아닌 식품보조제임을 정확히 명시하며, 의약품과 혼동할 수 있는 문구, 이미지 사용하실 수 없습니다.
- 한국의료기기산업협회의 심의를 받은 '광고사전심의필증'을 반드시 확인 후 집행 가능합니다.

2. 제작방식 규정

- SK 커뮤니케이션즈 서비스의 브랜드 가치에 해가 되는 카피 및 이미지는 사용하실 수 없습니다.

    예시) 싸이질등의 언어를 사용한 광고

- 시각적 피로감을 유발시킬 수 있는 과도한 떨림 효과와 반짝거림 효과는 사용하실 수 없습니다.(한 번 반짝일 때 최소 0.8초 이상의 시간을 두어야 함)
- 매체의 시스템 오류를 연상시키거나 매체 이미지를 손상시킬 수 있는 소재는 수정 요청을 할 수 있습니다.
- 저작권 문제 발생의 여지가 있는 이미지나 문구는 사용을 금합니다.ex) 허가되지 않은 캐릭터를 활용하여 초상권, 퍼블리시티권 등의 침해 우려가 있는 경우

- 과도한 신체의 노출 및 특정 신체 부위를 강조한 이미지, 음란하거나 선정적인 표현은 사용하실 수 없습니다.
- 올바른 언어 사용 문화 형성을 위하여 비속어, 은어, 저속한 조어의 사용은 제한되나, 네티즌 상호간에 널리 사용되는 단어로 사회적 정서에 반하지 않는다고 판단될 때에는 예외로 합니다.
- 네티즌의 정서를 해치거나 SK커뮤니케이션즈의 품위를 손상시키는 다음과 같은 표현은 사용하실 수 없습니다.
  ① 사용자가 오인할 수 있는 허위표현, 과장표현 (ex. 공짜, 무료 등)
  ② 폭력, 범죄, 반사회적 행동을 조장하는 표현 및 생명을 경시하는 표현
  ③ 지나친 공포감이나 혐오감을 조성하는 표현
  ④ 과도한 신체의 노출이나 음란, 선정적인 표현
  ⑤ 인물 노출 시 얼굴이 잘리는 등 거부감을 유발하는 이미지
  ⑥ 신체적 결함, 약점 등을 조롱 또는 희화화하는 표현
  ⑦ 지나치게 비속하거나 사회의 선량한 풍속을 해할 우려가 있는 표현
  ⑧ 특정 성을 비하하거나 성적 수치심을 느끼게 하는 표현
  ⑨ 외래어의 경우 저속한 표현이나 조롱하는 표현 등
  ⑩ 국가, 인종, 성, 연령, 직업, 종교, 장애 등의 이유로 차별하거나 편견을 조장하는 표현
  ⑪ 특정인 및 특정조직에 대한 명예훼손, 프라이버시 침해의 우려가 있는 표현
  ⑫ 뉴스로 오인할 수 있는 표현 및 이용자들이 해당매체의 콘텐츠로 오인할 수 있는 표현
  ⑬ 네이트/싸이월드 초기화면 상단 BI보다 더 큰 광고 BI
- 사용성을 방해하는 다음과 같은 표현은 사용하실 수 없습니다.
  ① 기존 웹브라우저의 디자인 템플릿을 활용하여 정상적인 서비스 이용에 혼란을 주는 표현
  ② 매체의 시스템 오류를 연상시키는 표현
  ③ OS 복제형 트릭배너

④ 네이트/싸이월드 BI, 디자인 요소 등의 이미지를 차용하여 당사 서비스로 오인할 수 있는 광고

⑤ 네이트/싸이월드 초기화면 상단 BI보다 더 큰 광고 BI

⑥ 단순히 도토리를 준다는 내용만 있는 Creative(도토리 활용한 광고의 경우 상품명이나 회사명을 표기하는 것을 원칙으로 함)

- 모든 광고물(이미지, 동영상 등)은 해당기관의 심의가 끝난 광고만 집행이 가능합니다.

3. 광고 구현 방식 규정

- 팝업광고는 불가능합니다.

- 광고 소재 클릭 시 링크되는 사이트를 닫았을 때, 타 사이트가 자동 팝업 되는 경우는 허용되지 않습니다.

- 앱스 내에는 제3자 광고전송(3rd party ad serving)이 가능합니다. 단, 향후 SK커뮤니케이션즈의 내부 정책에 따라 제3자 광고전송이 불가능할 수 있으며, 이 경우 SK커뮤니케이션즈는 약관 변경사항을 이메일로 사전 공유합니다.

4. 집행 일반 규정

- SK커뮤니케이션즈는 앱스 내 노출된 광고물이 기준에 맞지 않을 경우, 광고 수정 및 중단을 요청할 수 있으며, 자체 결정에 따라 특정 광고물을 노출하는 앱스의 등록을 거부할 수 있습니다.

1. 광고사이트의 기본 조건

- 광고사이트는 아래와 같은 정보를 광고 사이트 내에 항상 명시하여야 합니다.
    ① 광고사이트의 운영자(회사) 및 전화번호, 주소 등의 연락 가능한 연락처
- 아래와 같은 사이트는 광고 집행이 불가합니다.
    ① 광고사이트에 접속한 이용자의 동의 없이, 특정 프로그램을 설치하거나 개인정보 수집, 다른 사이트로의 이동, 이용자의 PC환경 변화를 유도하는 광고사이트
    ② 특정 컴퓨터 환경에서(특정 프로그램을 설치해야)만 그 내용을 확인할 수 있는 광고 사이트
- 광고사이트는 그 내용이 법에 저촉되지 않아야 하며, 관련 법령에 어긋나 최소한의 제재라도 받은 경우 임의로 해당 광고를 노출하는 앱스 등록을 제한할 수 있습니다.

2. 홍보(팝업)창

- 크기와 상관없이 광고 사이트를 제외한, 광고 사이트를 통해 열리는 창은 홍보(팝업)창으로 간주하며, 아래와 같은 홍보(팝업)창이 있는 광고 사이트는 광고 집행이 불가합니다.
    ① 광고사이트를 제외하고 4개 이상의 홍보(팝업)창
    ② 일정 시간이 경과된 후, 이용자의 동의 없이 다시 열리는 히든 홍보(팝업)창
    ③ 이용자가 종료할 수 없는 홍보(팝업)창
    ④ 사이트 기본 조건에 부합하지 않은 사이트로 연결되는 홍보(팝업)창

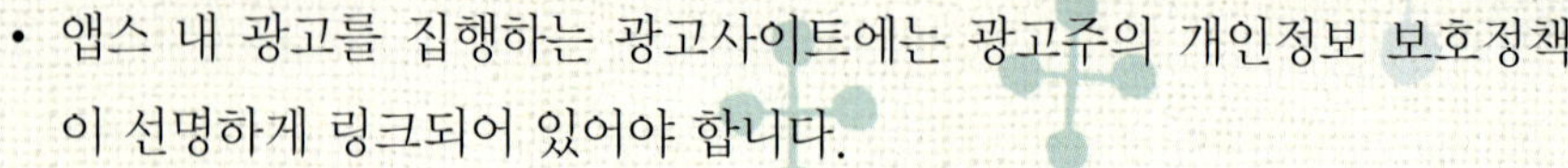

개인정보 수집 관련

- 앱스 내 광고를 집행하는 광고사이트에는 광고주의 개인정보 보호정책이 선명하게 링크되어 있어야 합니다.
- 광고주의 개인정보 보호정책을 클릭할 경우 페이지 경유 없이 직접 광고주의 개인정보 보호정책이 표시되어 있는 페이지로 이동할 수 있어야 합니다.
- 광고주가 개인정보를 수집할 경우 해당 광고의 개인정보 수집의 주체가 SK커뮤니케이션즈가 아닌 광고주임을 명백히 알 수 있도록 공지하여야 합니다.
- 개인정보수집 목적을 광고에 명기하여 광고주가 본인의 개인정보가 어떻게 이용되는지 사전 공지하여야 합니다. 광고주는 해당 광고 광고주의 개인정보 이용과 관련하여 광고주의 개인정보 보호정책 및 관련 법규를 준수하여야 합니다.

그 외 Dev.Square에 개발자 등록할 때 '앱스토어 앱스제공자 이용 약관'에 동의한 경우, 광고 조항을 숙지하여야 합니다.

#_03
앱스 운영 가이드

1 앱스 운영 가이드

앱스토어에서 제공될 앱스로 승인이 된 후에는 이용자들이 앱스를 안정적으로 사용할 수 있도록 운영되어야 한다.

01 꼭 해야 하는 것

1. 앱스가 동작하는 서버는 언제나 정상적으로 작동하는지 체크해야 합니다.

2. 앱스를 업데이트가 필요할 경우, 반드시 샌드박스에 변경사항을 테스트한 후에 승인요청을 해야 합니다.

3. 앱스의 버그를 발견했을 때, 회원이 버그를 신고했을 때, 신속하고 정확하게 문제를 파악해서 대처해야 합니다.

O2 지키면 좋을 것

1. 앱스 관련한 회원의 문의가 있을 때, 친절하고 빠르게 대응하길 권합니다.

2. 앱스를 통해 이용자에게 마케팅 커뮤니케이션하는 방법은 '앱스 이용자대상 마케팅 커뮤니케이션'가이드를 지켜주시길 권합니다.

O3 해서는 안 되는 것

1. 앱스토어 운영자와의 상의없이 임의로 앱스를 중지시켜서는 안 됩니다.

2. 앱스가 동작하는 서버를 임의로 중단해서는 안 됩니다. 부득이하게 중단해야 할 경우, 앱스토어 운영자에게 사전 커뮤니케이션을 통해 이에 대응할 수 있도록 해야 합니다.

3. 앱스토어 운영자와의 사전 커뮤니케이션 없이 앱스 승인할 때의 소스와 다른 소스를 앱스에 추가해서는 안 됩니다. 이와 같은 변경이 있었을 경우, 앱스토어 운영자가 중지, 삭제 등의 임의 조치를 취할 수 있으며, 관련된 모든 문제에 대한 책임은 앱스제공자에게 있습니다.

2 앱스이용자 대상 마케팅 커뮤니케이션

앱스제공자는 앱스와 관련한 주요 공지사항, 업데이트 소식 등 앱스를 이용하는데 필요한 정보들을 이용자에게 빠르고 친절하게 안내해야 한다. 앱스제공자는 앱스와 관련된 정보 및 마케팅/이벤트 등을 안내할 때에도, 해당 안내가 서비스 이용을 저해할 정도로 지나치게 빈번해서는 안 되며, 안내 내용 및 방식 등이 이용자들의 불쾌감을 유발하지 말아야 한다.

1. 앱스와 관련한 공지사항은 앱스를 추가한 이용자 대상으로 Activities를 이용하여 전달할 수 있습니다. Activities API를 통해 전달하는 안내 사항의 내용은 회원들의 원활한 앱스 사용을 위해 필요한 핵심 정보, 앱스와 직접적으로 관련된 마케팅/이벤트 등의 안내에 한정합니다. 이 외, 해당 앱스와 관련이 적은 타 서비스/상품의 광고/홍보를 위해서는 Activities API 활용하실 수 없으며, 앱스와 관련이 적은 광고/홍보 글을 배포하다 적발될 때에는 앱스토어 운영자가 해당 알림을 임의로 삭제할 수 있고, 광고 글을 배포한 앱스제공자는 서비스 이용의 제약을 받으실 수 있습니다.

2. SK커뮤니케이션즈가 운영하는 네이트, 싸이월드, Dev.Square의 메인페이지에 있는 공지사항 영역은 개별 앱스의 안내/공지를 위해서는 원칙적으로 사용하실 수 없으며, 부득이하게 전체 회원을 대상으로 긴급한 안내가 필요한 사항에 대해서는 앱스토어 운영자를 통해 사용을 문의하셔야 합니다.

3. 방명록, 쪽지 등 일반 회원 간의 커뮤니케이션을 지원하는 서비스 및 기능들을 통해서는 앱스 관련 안내사항을 전달하실 수 없으며, 이와 관련한 행위로 인해 회원들의 불편 신고가 접수될 때에는 기존의 스팸 규정에 따라 서비스 이용의 제약을 받으실 수 있습니다.

4. 캔버스뷰에서의 독립적인 앱스 홍보 및 마케팅 활동에 있어서는 서비스 정책 및 개인정보 정책에 어긋나서는 안 되며 이벤트가 있을 경우에는 이벤트의 정책 및 기준을 명확하게 공지해야 합니다. 아울러 고객 커뮤니케이션에 있어 요청하는 정보가 있을 경우에는 수신/수신하지 않음 기능을 제공해야 합니다.

5. 앱스 마케팅, 프로모션 활동을 함에 있어 타 앱스 및 업체를 비방, 모방하는 식의 마케팅은 하지 않아야 합니다.

3 앱스 중단/정지 가이드

앱스제공자는 앱스와 관련한 주요 공지사항, 업데이트 소식 등 앱스를 이용하는데 필요한 정보들을 이용자에게 빠르고 친절하게 안내해야 합니다.

앱스제공자는 앱스와 관련된 정보 및 마케팅/이벤트 등을 안내할 때에도, 해당 안내가 서비스 이용을 저해할 정도로 지나치게 빈번해서는 안 되며, 안내 내용 및 방식 등이 이용자들의 불쾌감을 유발하지 말아야 합니다.

1. 앱스를 임시로 중단할 수 있습니다. 이 경우, 반드시 앱스토어 운영자와 사전 커뮤니케이션을 하여, 앱스토어에 점검 메시지가 제공될 수 있도록 해야 합니다.

   - 서비스 정기 점검

   - 그 외 앱스를 정상적으로 제공하기 위한 임시 점검

2. 일시적으로 앱스가 중지될 수 있습니다.

   - 앱스 내에 과다 트래픽을 일으켜서 다른 앱스가 정상적으로 동작하는데 영향이 있을 경우

   - 스팸으로 의심되는 메시지 전송이 있을 경우

   - 비정상적으로 네트워크 비용이 증가될 경우

#_04

개인정보 보호 가이드

1 개인정보 보호 가이드

앱스제공자는 앱스토어 앱스제공자 이용 약관, 네이트 약관, 관련 법률 및 SK 커뮤니케이션즈가 제시하는 개인정보보호방침을 준수해야 합니다.

01 꼭 해야 하는 것

1. 앱스제공자는 앱스토어 어플리케이션 플랫폼으로부터 열람 가능했던 데이터를 절대로 저장해서는 안 됩니다. 로딩속도 및 퍼포먼스 향상을 위해 데이터를 캐싱할 수 있지만 이 역시 획득시점으로부터 24시간 미만으로 한정합니다.

2. SK커뮤니케이션의 동의 없이는, 앱스토어 어플리케이션 플랫폼으로부터 획득한 정보를 수정, 대여, 임대, 차용, 판매, 유통, 재분배할 수 없습니다.

3. 앱스를 추가한 이용자에게 앱스 내에서 추가 정보를 수집할 경우, 이용자 동의를 구해 수집되어야만 하고, 앱스토어 운영자와의 사전 동의를 득해야 합니다. 추가 정보를 수집하는 모든 화면에서의 정보필드는 이용자의 직접 입력을 통해서 받아야 하며, 반드시 동의절차가 필요합니다. 이용자가 앱스를 삭제하면 추가 수집한 정보도 삭제되어야 합니다.

02 해서는 안 되는 것

1. 앱스 운영하는 목적외에 이용자의 개인정보를 저장하거나 열람해서는 안 됩니다.

2. 앱스 외에 OpenSocial API를 이용한 다른 곳에서 이용자의 정보가 노출되어서는 안 됩니다.

CS 대응 가이드

1 CS 대응 가이드

개별 앱스에 대한 책임과 권한이 앱스를 제작한 제공자에게 있기 때문에 앱스 토어에서는 개별 앱스에 대한 이용자들의 문의를 지원하지 않습니다. 이용자들이 앱스에 대해 더 좋은 경험을 하게 되고, 앱스가 일촌들에게 많이 알려지고 확산되기 위해서는 이용자들이 하는 앱스에 대한 문의에 적극적으로 지원하는 것도 중요합니다.

 꼭 해야 하는 것

1. 앱스 소개페이지, 캔버스뷰에는 항상 회원들이 쉽게 찾을 수 있도록 제공자의 이름과 연락 가능한 이메일 혹은 연락처를 제공합니다.

2. 앱스 관련 버그 신고가 있을 경우, 이에 대해 적극적으로 해결하고 필요할 경우, 앱스 소스를 업데이트해야 합니다.

3. 앱스를 추가한 이용자에게 앱스 내에서 추가 정보를 수집할 경우, 이용자 동의를 구해 수집되어야만 하고, 앱스토어 운영자와의 사전 동의를 득해야 합니다. 추가 정보를 수집하는 모든 화면에서의 정보필드는 이용자의 직접 입력을 통해서 받아야 하며, 반드시 동의절차가 필요합니다. 이용자가 앱스를 삭제하면 추가 수집한 정보도 삭제되어야 합니다.

O2 지키면 좋을 것

1. 앱스제공자는 운영하는 사이트 또는 블로그에 앱스 관련하여 자주 묻는 질문과 답변을 제공하길 바랍니다.

서비스 지연 및 장애 가이드

1 서비스 지연 및 장애 가이드

앱스토어 어플리케이션 플랫폼에서는 많은 트래픽으로 인한 서비스 지연 및 장애가 일어나는 것을 대비하기 위해 아래와 같은 제한이 있습니다. 그럼에도 부득이하게 앱스에 장애가 일어나거나 지연이 될 경우, 앱스의 소개페이지, 숏컷에는 장애 메시지가 자동으로 보여지게 됩니다. 장애가 일어났을 경우, 정상적으로 서비스가 제공될 수 있게 처리해주시고, 앱스토어 운영자와 커뮤니케이션 해주시기 바랍니다.

예) 앱스 장애 발생 시 보여지는 화면

01 꼭 해야 하는 것

1. Getfriends를 통해 일촌의 미니홈피 정보를 가져올 수 있으나, 10인씩 가능합니다. 10인 이상
   일 경우, 한꺼번에 정보를 불러오게 되면 장애가 발생할 수 있습니다.

예) 앱스 내에 일촌 순위 나오는 기능

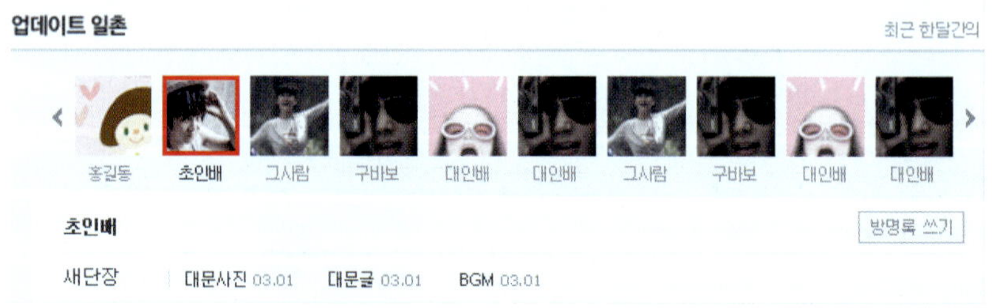

02 지키면 좋을 것

1. 앱스 내의 특정 기능에 장애가 일어날 경우, 자동으로 장애메시지가 나오도록 해야만 합니
   다. 장애메시지에는 이용자가 연락할 수 있는 이메일, 전화번호 등을 표기해야만 합니다.

 초보자를 위한 **네이트 앱스토어에서 앱스 만들기**

#_07

게임 앱스 가이드

1 게임 앱스 가이드

게임물에 속하는 앱스는 게임산업진흥법 제2조에 의거해 앱스토어에 서비스되기 전 게임물등급위원회로부터 등급심사를 받아야 합니다. 게임 앱스 가이드를 통해 앱스 제공자가 게임물 등급분류 제도를 미리 이해하여, 희망 등급에 맞는 게임물을 제작할 수 있길 바랍니다.

♥ 게임물 등급 분류 사전심의란 무엇인가요?

▶ 게임물을 유통시키거나 이용에 제공하게 할 목적으로 게임물을 제작 또는 배급하고자 하는 자는 당해 게임물을 제작 또는 배급하기 전에 등급위원회로부터 당해 게임물의 내용에 관하여 등급분류를 받아야 합니다. 다만, 다음 각 호의 어느 하나에 해당하는 게임물의 경우에는 심의를 받지 않을 수 있습니다.

[개정 2007.1.19] [시행일 2007.4.20]

- 1. 중앙행정기관의 장이 추천하는 게임대회 또는 전시회 등에 이용, 전시할 목적으로 제작, 배급하는 게임물

- 2. 교육, 학습, 종교 또는 공익적 홍보활동 등의 용도로 제작, 배급하는 게임물로서 대통령령이 정하는 것

- 3. 게임물 개발과정에서 성능, 안전성, 이용자만족도 등을 평가하기 위한 시험용 게임물로서 대통령령이 정하는 대상, 기준과 절차 등에 따른 게임물

참조| 부록_게임산업진흥법 제4장 제21조

게임물에 대한 정의는 무엇인가요?

▶게임물이란 컴퓨터 프로그램 등 정보처리 기술이나 기계장치를 이용하여 오락을 할 수 있게 하거나 이에 부수하여 여가선용, 학습 및 운동효과 등을 높일 수 있도록 제작된 영상물 또는 그 영상물의 이용을 주된 목적으로 제작된 기기 및 장치를 말합니다.

참조| 게임산업진흥법 제2조

제작한 앱스가 게임인지, 게임아 아닌지 구분하기 어렵습니다. 게임물 등급 분류를 받아야하는 앱스의 기준은 무엇인가요?

▶RPG, 배팅(고스톱, 포커 등), 시뮬레이션, 어드벤처, 액션(대전, 격투 등), 보드(퍼즐, 바둑 등), 비행슈팅, 레이싱, 스포츠, 교육(퀴즈 등) 등의 앱스는 모두 게임물로 분류됩니다. 또한 앞에서 언급하지 않았더라도, 사회 통념상 게임으로 인식되는 앱스는 모두 게임물로 분류되며 게임물등급위원회의 심의 대상이 됩니다. 제작한 앱스가 게임물등급심의를 받아야 하는 대상인지 아닌지에 대한 판단이 어려울 경우에는 게임물등급위원회(http://www.grb.or.kr)에 연락하시어, 반드시 등급심의가 필요한지 여부를 확인하시기 바랍니다.

앱스 제공자가 게임물이 아니라고 판단하여 게임물등급심의를 받지 않고 앱스를 등록/배포시켰을 때에 발생하는 민/형사상의 책임은 앱스 제공자에게 있으며, SK커뮤니케이션즈는 게임물등급심의를 받지 않고 유통되는 게임 앱스를 발견했을 때, 등급분류심의를 받을 것을 권고하고, 등급분류심의가 완료될 때까지 해당 앱스를 정지 혹은 삭제시키는 등의 조치를 취할 수 있습니다.

 초보자를 위한 **네이트 앱스토어에서 앱스 만들기**

▶게임위의 게임물 내용 심의기준은 선정성, 폭력성, 반사회성, 언어, 사행성으로 나뉘고 그 정도에 따라 게임물의 등급을 분류하지만, 예외적으로 아케이드 게임물은 전체이용가와 청소년이용불가 등급만 적용합니다.

참조| 등급분류 심의기준

〈등급분류대상게임물〉

게임산업진흥법 제2조에 규정되어 있는 바와 같이 컴퓨터프로그램 등 정보처리기술이나 기계장치를 이용하여 오락, 여가선용, 학습 및 운동효과 등을 높일 수 있도록 제작된 영상물 또는 그 영상물과 관계된 기기 및 장치 등은 모두 게임물등급위원회(이하 게임위)의 등급분류를 받아야 합니다.

즉, 게임물을 유통시키거나 이용에 제공할 목적으로 게임물을 제작 또는 배급하고자 하는 사람은 당해 게임물을 제작 또는 배급하기 전에 게임위로부터 등급분류를 받아야 합니다.

〈등급분류예외게임물〉

중앙행정기관의 장이 추천하는 게임대회 또는 전시회 등에 전시할 목적으로 제작, 배급하는 게임물이나 국가, 지방자치 단체, 교육기관, 종교기관 등이 교육, 학습, 종교 또는 공익적 홍보활동(비영리 목적) 등의 용도로 제작 배급하는 게임은 등급분류를 받지 않아도 됩니다. 당해 게임물이 등급분류 예외 게임물에 해당하는지 여부는 미리 게임위에 확인받을 수 있습니다.

〈시험용게임물확인제도〉

등급분류 대상 게임물로서 새로운 게임물의 개발과정에서 성능, 안정성, 이용자만족도 등을 평가할 목적으로 30일이내의 기간을 정하여 시험용 게임물 확인 신청을 할 수 있습니다. 다만, 사행성게임물은 시험용게임물 신청 대상에 해당되지 않습니다.

등급분류, 등급거부, 사행성게임물결정에 이의가 있는 자는 그 결정일로부터 30일 이내에 구체적인 사유를 명시한 이의신청사유서를 첨부하여 재분류 신청을 할 수 있습니다. 재분류 신청이 있을 경우에는 15일 이내에 재분류를 실시하며 재분류 내용은 서면으로 통지를 합니다.

게임물의 내용을 수정하여 등급분류를 새로 받아야 함에도 불구하고 이를 받지 않거나, 등급분류를 받은 내용과 다르게 제공한 경우에는 직권으로 조사하여 재분류 대상으로 지정할 수 있습니다.

신청은 어디서 하나요?

▶등급분류신청은 온라인으로만 신청이 가능합니다. 신청방법은 게임물등급위원회 첫화면에서 등급신청방법을 통해 확인이 가능합니다. 게임물등급위원회 | http://www.grb.or.kr/

준비물은 무엇인가요?

▶신청서 및 관련서류를 갖추어서 심의수수료 납부와 함께 접수하시면 됩니다. 신청이 완료된 경우, 게임위에서는 전문위원실로 검토를 의뢰하며 해당 전문위원들은 게임에 대한 심층적인 사전 검토작업을 하게 됩니다. 이때 정보가 부족한 경우, 추가적으로 필요한 자료를 요청할 수 있습니다.

관련서류 : 게임설명서 및 게임물내용정보기술서, 동영상, 게임프로그램, 필요한 경우 게임이 탑재된 기기 등

신청 프로세스는 어떻게 진행되나요?

▶신청부터 앱스 등록까지 크게 5단계를 거치게 됩니다.

사업자등록(관할 세무서) → 게임제작업 혹은 게임배급업 등록(관할 구청) → 게임물등급심의신청(온라인신청) → 심의결과수령 → Dev. Square에 게임앱스등록 시 등급필증 첨부

1. 사업자등록

게임물등급심의를 신청하기 위해서는 사업자등록이 사전에 필요합니다. 신분증을 지참하시고 관할 세무서에 가시면, 사업자등록신청서를 교부 받아 간단히 사업자등록을 하실 수 있습니다.

2. 게임제작업 혹은 게임배급업 등록

게임물등급심의를 신청하기 위해서는 사업자등록증과 함께 게임제작업 등록증 혹은 게임배급업 등록증이 필요합니다. 게임제작업 혹은 게임배급업 등록은 신분증과 사업자등록증을 지참하시고 관할 구청에 가시면 간단히 신청 가능하고, 심사 후 약 3일 이내에 등록증이 발부됩니다.

– 게임제작업 신청 시 필요서류

신분증, 사업자등록증, 게임제작업 등록신청서(관할구청에 비치), 영업소의 임대차 계약서 사본(영업소를 임차한 경우에만 필요), 제작시설 및 장비 명세서

– 게임배급업 신청 시 필요서류

신분증, 사업자등록증, 게임배급업 등록신청서(관할구청에 비치), 영업소의 임대차 계약서 사본(영업소를 임차한 경우에만 필요), 사업계획서

3. 게임물등급심의 신청

게임물등급심의 신청은 온라인으로만 가능하므로, 게임물등급위원회 홈페이지(http://www.grb.or.kr)에 방문하셔서 온라인 회원가입을 하셔야만

합니다. 온라인 회원가입 시에는 홈페이지 좌측상단의 "신청방법" 안내에 따라 "업체회원"으로 가입하셔야 하며, 업체회원으로 가입 시에는 기업용 공인인증서 발급과 사업자등록 번호 입력이 필요합니다. 회원가입이 완료되면, 홈페이지(http://www.grb.or.kr) 좌측 상단의 "접수하기"를 통해 심의 신청을 접수하실 수 있습니다. 온라인 안내에 따라, '심의신청서'를 작성하시고, 이어서 '내용정보기술서'를 작성하십시오. 다음으로, 게임제작업등록증 혹은 게임배급업등록증을 스캔한 파일을 첨부하시고, 심의 받을 게임의 파일을 온라인으로 첨부하시면 됩니다. 용량이 커서 첨부가 어려운 게임은 게임물등급위원회에 우편으로 발송하시면 게임물등급위원회에서 직접 업로드해 드립니다. 게임물 업로드가 완료되면, 게임물의 용량에 따라 심의수수료가 안내됩니다(수수료는 8만원~32만원 사이입니다). 수수료를 은행에 납부하시고, 납부 영수증을 스캔하여 첨부파일 하시면 심의 신청접수는 완료됩니다.

4. 게임물등급심의 결과수령

게임물등급분위원회의 홈페이지(http://www.grb.or.kr) 좌측상단의 "신청조회"를 누르시면, 심의 진행상태를 확인하실 수 있습니다. 심의처리가 완료되면 진행상태란에 "등급결정"이 표시됩니다. 등급이 결정된 게임물은 등급필증이 발부됩니다.

5. Dev.Square에 게임 앱스 등록 시 등급필증 첨부

Dev.Square에 게임 앱스를 등록하실 때에는, 게임물등급위원회로부터 받은 등급필증을 스캔하시어 첨부하시면 게임 앱스 등록이 완료됩니다.

▶ PC/온라인/모바일/비디오 게임물의 경우, 아래 4개 등급이 있습니다.

전체이용가 : 누구나 이용할 수 있는 게임물

12세이용가 : 12세 미만은 이용할 수 없는 게임물

15세이용가 : 15세 미만은 이용할 수 없는 게임물

청소년이용불가 : 청소년은 이용할 수 없는 게임물

앱스토어에서 승인하는 등급은 무엇인가요?

▶ 앱스토어에서는 전체이용가, 12세이용가, 15세이용가를 승인하고 있습니다.

SK커뮤니케이션즈에서 신청 대행을 하지는 않나요?

▶ 게임물등급심의는 게임 앱스를 제작한 개발사 혹은 개발자가 직접 신청하셔야 합니다. 한국 내 지사가 없는 해외 개발사 및 외국인 개발자는 국내법 상 직접 게임물등급심의 신청을 할 수 없기에, SK커뮤니케이션즈는 해외 개발사 및 외국인에 한해서만 심의 신청을 대행해 드리고 있습니다.

Part 5

돈 버는 앱스토어,
페이먼트 가이드

#_01 [앱스토어]에서 돈 벌어보자

#_01

[앱스토어]에서 돈 벌어보자

1 페이먼트 신청 및 사용

앱스를 만들고나서 유로로 서비스할 경우 수익이 생긴다. 또는, 앱스에 광고를 붙여서 인기 앱스가 될 경우, 짭짤한 광고수익까지 얻을 수 있다. 이렇게 앱스를 활용한 수익모델이 가능한데, 그에 앞서 '앱스'를 만든 후 페이먼트 기능 첨부에 이르기까지의 과정을 요약해서 기억해두자.

01 앱스 개발 및 등록까지의 과정 요약

1 앱스 소스 구성하고 [결과보기]로 오류 체크하기

❷ 앱스 등록하기

– 앱스명, 앱스 소개, 아이콘, 썸네일, 대표이미지

❸ 앱스 카테고리 정하기

– 꾸미기, 퀴즈/테스트, 새친구 사귀기, 채팅, 메시지, 사진, 음악, 동영상, 여행, 음식, 책, 게
임/오락, 패션, 비즈니스, 이벤트, 유틸리티

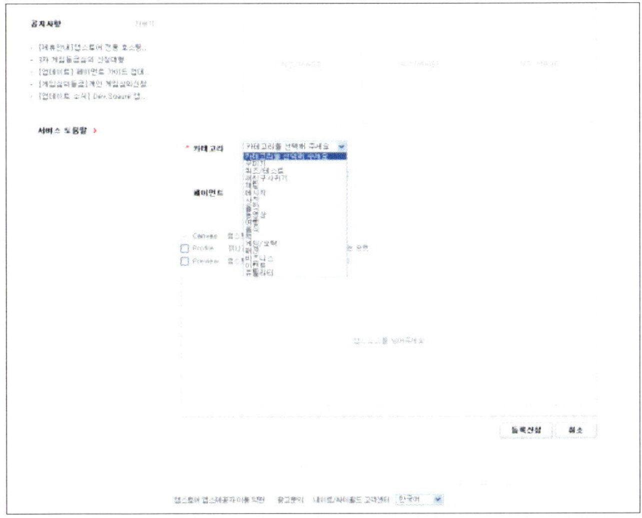

❹ 게임물 등록필증 등록하기

– 게임인 경우, 사전에 게임물등급심사를 통해 등록필증을 받아둬야 한다.

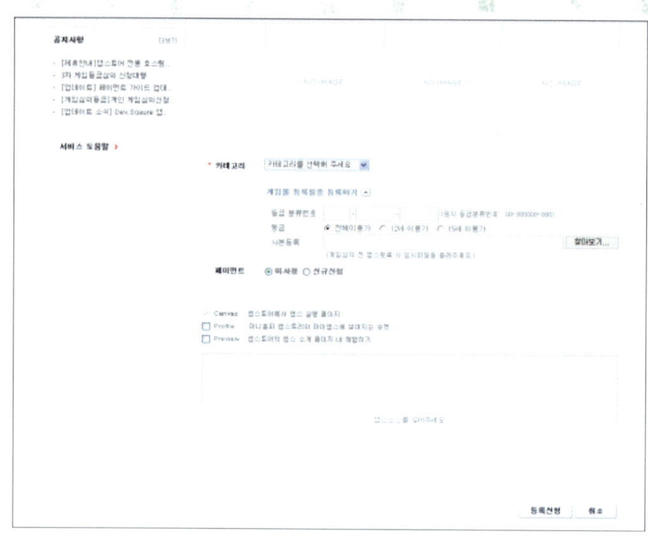

❺ 페이먼트 신규 신청하기

– 페이먼트 제공으로 발생되는 수익 배분율은 70%(개발자) : 30%(SK컴즈)이다. 페이먼트 신청 후, 일정 기간(1~2개월) 동안 계약 절차가 진행되며, 권리 및 의무사항은 계약서에 명시된다. 페이먼트 사용 계약은 만 20세 이상부터 가능하다.(개인 사업 또는 개인 개발자인 경우)

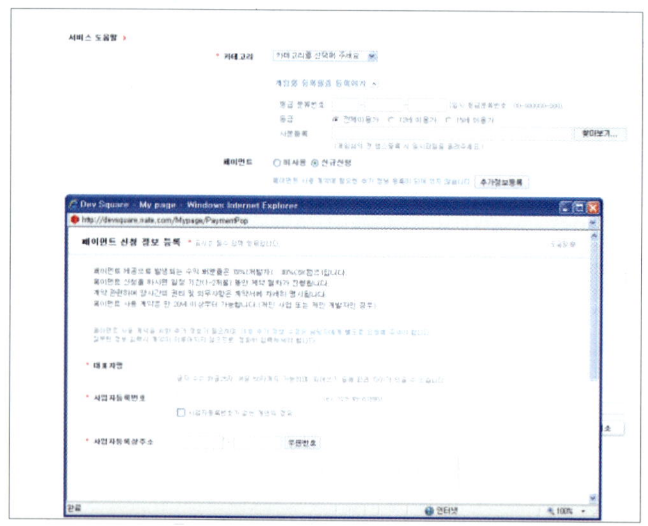

❻ 영역 정하기

– Canvas | 앱스토어에서 앱스 실행 페이지

 Profile | 미니홈피 앱스토리와 마이앱스에 보여지는 숏컷

 Preview | 앱스토어의 앱스 소개 페이지 내 체험하기

❼ 앱스 관리하기

– 등록된 앱스를 마이앱스 페이지에서 관리할 수 있다.

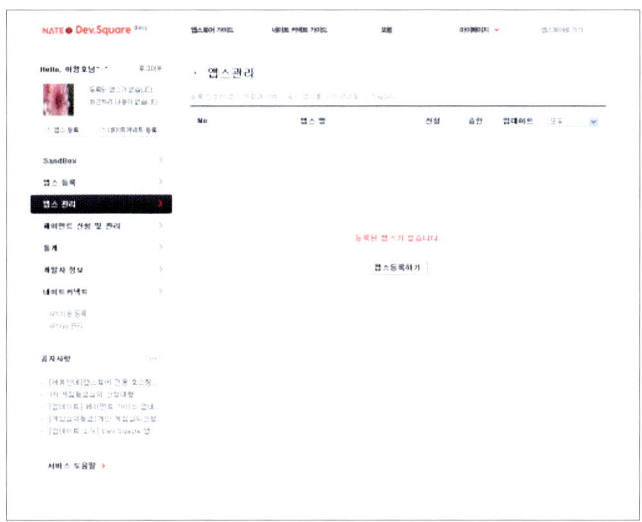

– 통계 메뉴는 등록된 앱스의 추가/삭제 및 트래픽을 제공하는 메뉴이다.

앱스에 결제 시스템을 붙이고자 할 경우 아래와 같은 검수 및 계약 프로세스를 거치게 된다.
페이먼트 신청이 완료되면 앱스 등록시 신규 신청을 선택한 후 자체 통화 유무에 따라 선택하신
후 등록하면 된다. 계약이 완료되고, 페이먼트 사용 권한이 주어지면 이후 앱스는 페이먼트 사용
으로 체크 후 바로 등록할 수 있다.

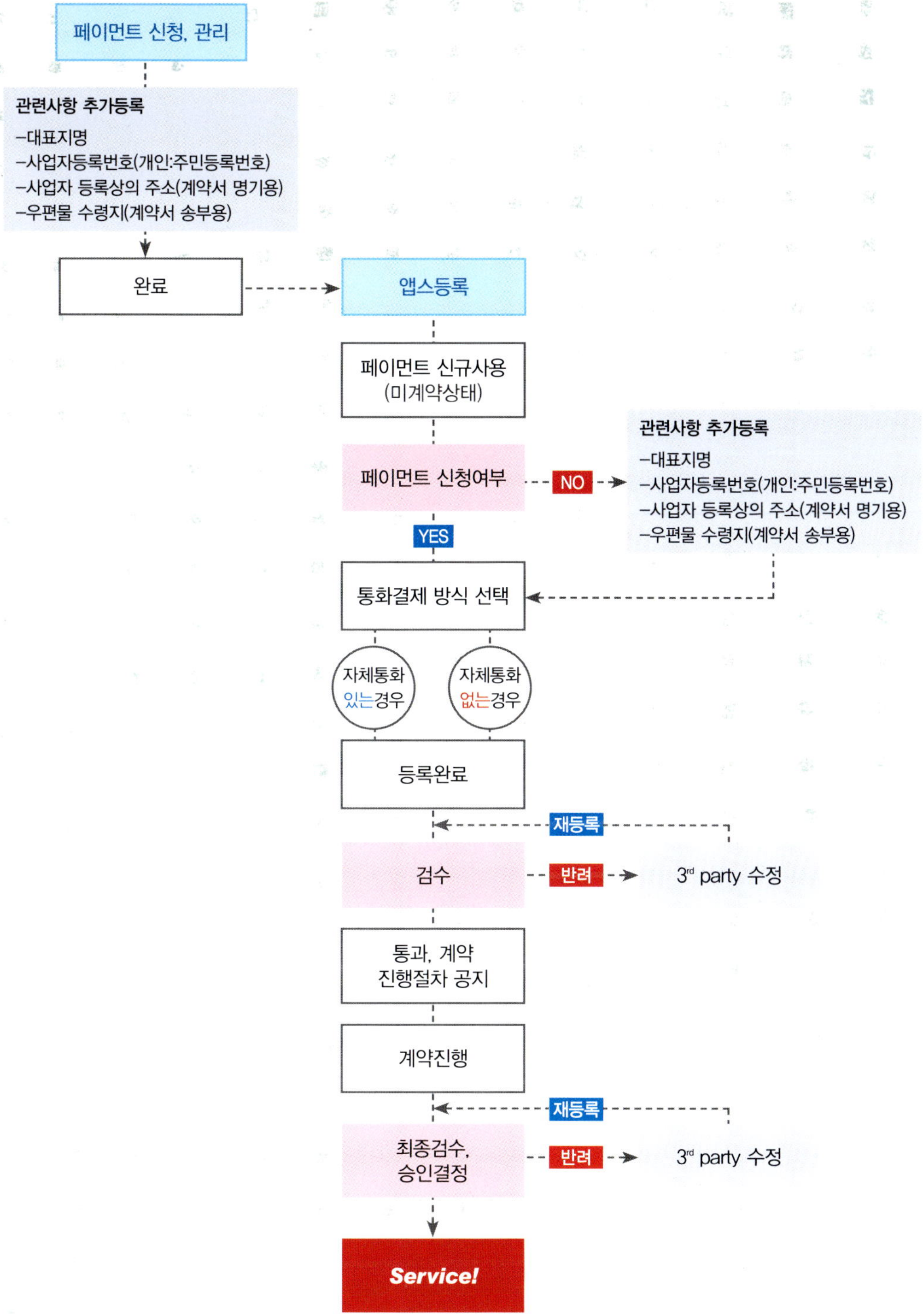

페이먼트 신청, 관리

관련사항 추가등록
−대표지명
−사업자등록번호(개인:주민등록번호)
−사업자 등록상의 주소(계약서 명기용)
−우편물 수령지(계약서 송부용)

완료

앱스등록

페이먼트 신규사용
(미계약상태)

페이먼트 신청여부

NO

관련사항 추가등록
−대표지명
−사업자등록번호(개인:주민등록번호)
−사업자 등록상의 주소(계약서 명기용)
−우편물 수령지(계약서 송부용)

YES

통화결제 방식 선택

자체통화 있는경우

자체통화 없는경우

등록완료

재등록

검수

반려

3rd party 수정

통과, 계약
진행절차 공지

계약진행

재등록

최종검수,
승인결정

반려

3rd party 수정

Service!

» 앱스 결제 방식

앱스에 자체 통화 유무에 따라 결제 방식을 두 가지 중 선택할 수 있다. Payment System을 사용하게 될 경우 Customer Support는 자사와의 R/R에 의해 처리한다.

〈자체 통화가 있는 경우〉

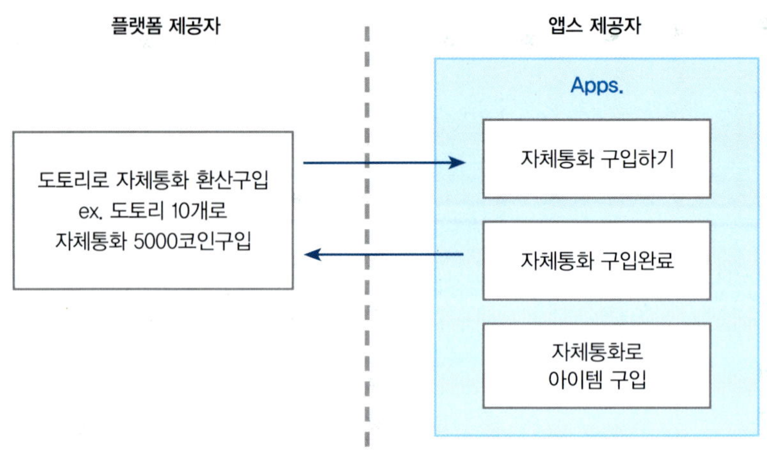

〈자체 통화가 없는 경우〉

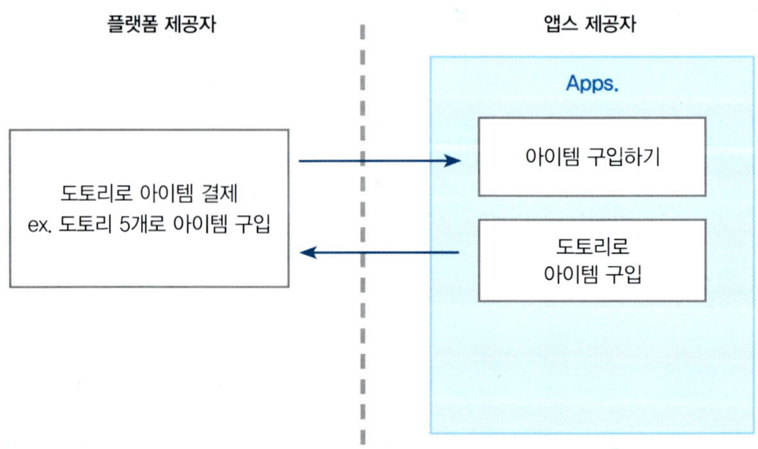

» 앱스 통화 형태(자체 통화가 있는 경우)

앱스 내 유료 통화 형태는 아래 세 가지 중 선택할 수 있으며, 혹시 발생하게 될지 모를 환불 이슈를 위해 back단에서 유/무료 통화 구분 관리를 꼭 해야 한다.

통화형태1. 유료 통화/무료 통화(구분)

- 활동성으로 생성되는 무료 통화와 도토리 결제로 구입 가능한 유료 통화를 분리한 형태.

- 유료 통화로 구입할 수 있는 아이템과 무료 통화로 구입할 수 있는 아이템 구분 여부는 개발사 자유.

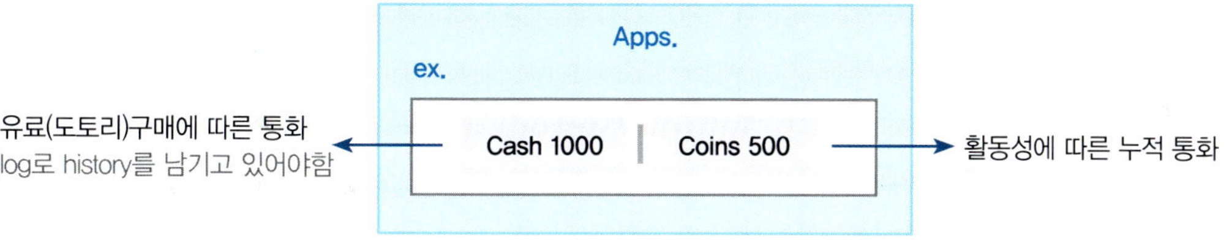

통화형태2. 유료 +무료 통화(단일화)

- 유료로 구매하거나 활동성으로도 생성되는 통화가 단일화된 형태.

- Front에서는 통합된(단일화) 통화로 보여주되 Back단에서는 유료/무료 구분해서 관리해야 한다.

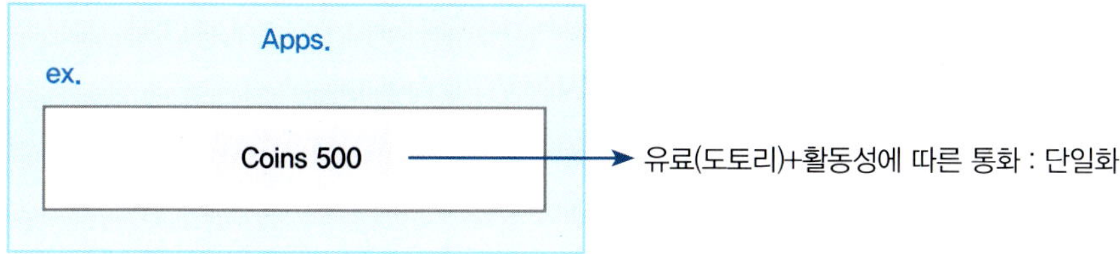

통화형태3. 유료 통화 + 단일화(유료+무료) 통화

- 위 통화 형태 2와 형태 3 두 가지 모두를 사용하는 통화 형태입니다.

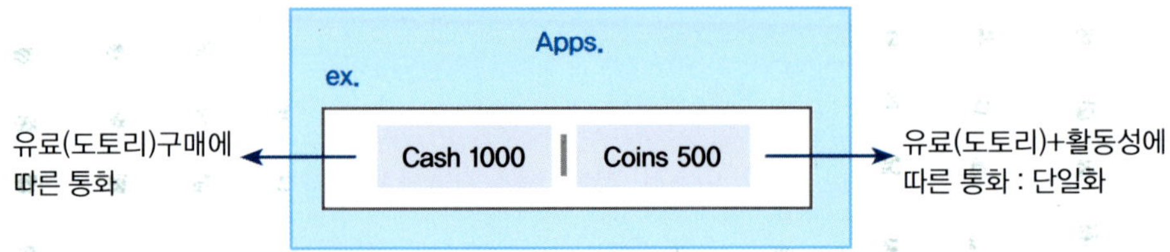

모두 유료 통화 결제 내역관련 히스토리를 남기고 있어야 합니다.

» 앱스 통화(또는 아이템) 가격 조언

자체 통화가 있는 경우

도토리 10개, 20개, 30개, 50개, 100개 기준으로 앱스에 준하는 통화율을 개발사별로 정할 수 있다. 즉, 위 다섯개의 도토리 단위로 자체 통화 판매 개수를 정하면 된다.

** 서비스 도중 통화율 변경시 반드시 자사에 공지 및 동의를 받아야 하며, 만약 별도의 사전 동의 없이 앱스 통화율을 임의로 변경하여 분쟁이 발생하였을 경우 이용자에 대한 보상, 환불 등에 대한 모든 법적 책임을 부담해야 한다. 도토리수와 (원) 기준에 비례하는 코인수를 책정할 수 있으나 가격이 상승할 수록 코인 개수를 더 부여할 수도 있다.

도토리수	코인(통화)수	원
10	5,000	1,000
20	10,000	2,000
30	20,000	3,000
50	50,000	5,000
100	100,000	10,000

도토리수	코인(통화)수	원
10	5,000	1,000
20	11,000	2,000
30	22,000	3,000
50	55,000	5,000
100	110,000	10,000

앱스 등록시 페이먼트 사용 〉자체 통화가 있는 경우

P사 통화 구입 가격	(원) 기준	도토리 10개(1,000원)당 Coins
25,000 For 4.99 USD	6,500원	3,850
55,000 For 9.99 USD	13,000원	4,230
120,000 For 19.99 USD	26,000원	4,620
260,000 For 39.99 USD	52,000원	5,000

1US$ = 1,300 won

가격 책정 시 기준이 불분명할 수 있는 해외 개발사를 위해 제시하는 조언이다. 가격 테이블이 아닌 위 (안)들처럼 원화 기준(국내 개발사 포함)으로 딱 떨어지는 도토리 개수와 코인수로 보여야 한다.

앱스 등록시 페이먼트 사용 〉자체 통화가 있는 경우

아이템별 도토리 판매 개수를 개발사에서 정할 수 있으며, 아이템은 레벨 또는 규모에 따라 총 5개의 도토리 가격으로 책정할 수 있다.

** 서비스 도중 가격 변경시 반드시 자사에 공지 및 동의를 받아야 하며, 만약 별도 사전 동의 없이 앱스 아이템의 가격을 임의로 변경하여 분쟁이 발생하였을 경우 이용자에 대한 보상, 환불 등에 대한 모든 법적 책임을 부담해야 한다.

아이템 개당 최소 도토리 개수는 1 개로 책정해야 한다. 유료 도토리로 구매된 아이템 내역에 대해서 로그 히스토리를 남기고 있어야 한다.

» 로그 히스토리 관리 (결제 내역 및 이슈 발생시 필요)

Date	유료	무료	Coins Total
2/9	500	1,500	2,000
2/10	1,000	200	3,200
2/12	−1,500	−500	1,200
2/15	800	200	2,200
	−500		1,700
...	...	...	...
2/28	1,000	2,500	3,500

유료+무료통화가 합쳐진 단일화된 형태일 경우 반드시 back단에서는 유료와 무료 구분이 되어 있어야 한다.

* 통화로 아이템 교환시 유료 통화가 있을 경우 유료 통화에서 먼저 차감하고, 나중에 부족한 부분이 있을 경우 무료 통화에서 차감되도록 우선순위가 정해져 있어야 한다.

자체 통화가 없는 경우

A. 아이템을 보유하는 형태자체 통화가 있는 경우

Data	아이템	도토리(개)
2/9	딸기	15
2/10	우유	2
2/12	치킨	5
2/15	두부	2
	버섯	
...	...	...
2/28	떡라면	5

자체 통화 없이 바로 앱스 내 보유 형태의 아이템을 구매하는 형태일 경우 날짜별 구매 내역을 가지고 있어야 한다.

B. 아이템이 소진되는 형태

Data	아이템	도토리(개)	잔여회수
2/9	딸기	15	2/10
2/10	우유	2	4/5
2/12	치킨	5	5/3
2/15	두부	2	1/5
	버섯		2/4
...	...	...	...
2/28	떡라면	5	5/10

도토리로 구입한 앱스 아이템이 사용할 수록 카운트되어 결국 소진되어지는 형태일 경우 날짜별 구매 내역과 결제 도토리수 그리고 아이템별 잔여회수 내역을 가지고 있어야 한다.

계약시 계약서의 해당란에는 빠짐없이 날인해야 한다.

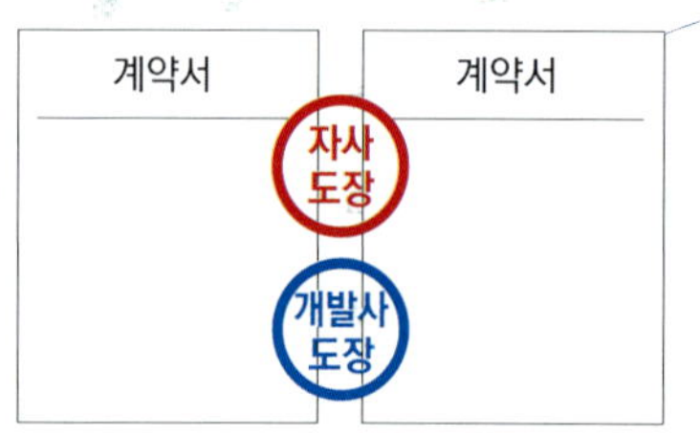

계약서 두 개를 나란히 두고, 가운데에 도장을 찍습니다. 해외 개발사의 경우에 한해 사인으로 대체할 수 있으며, 해당 란에 전부 사인 후 한 부는 자사로 보냅니다.

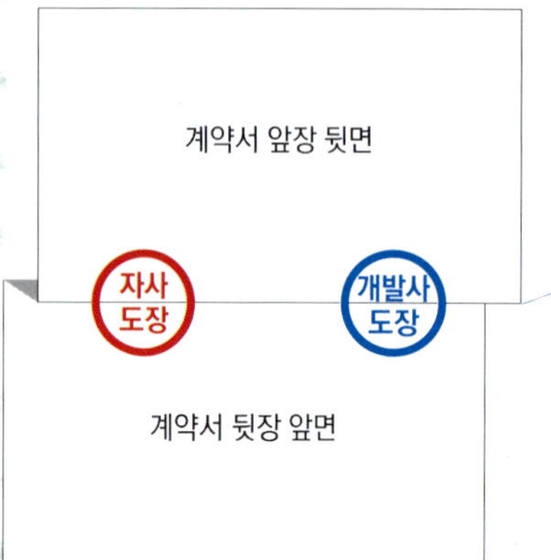

매 장마다 페이지 위 왼쪽에는 자사 도장이 찍혀 있고, 오른쪽에는 개발사 도장을 전부 찍어 주시면 됩니다.

마지막장 앞 장에 보시면 계약자 이름 옆에 도장 찍는 곳이 있습니다. 여기도 꼭 찍어주시고 위에 페이지마다 찍는 것도 잊지마세요. 주의! 지금 보시는 페이지에 뒷장이 또 있습니다. 마지막장까지 도장을 전부 잊지 말고 부탁드려요.

#_1. 앱스토어 제공자 이용약관
#_2. 청소년보호정책
#_3. 게임산업진흥에관한법률

앱스토어 제공자 이용 약관

앱스토어 앱스제공자 이용 약관

제 1 조 (목 적)

이 앱스토어 앱스제공자 이용 약관(이하 "약관"이라 합니다)은 SK커뮤니케이션즈㈜(이하 "회사"라 합니다)가 회원에게 제공하는 앱스토어 서비스(이하 "서비스"라 합니다)와 관련하여 회사와 앱스제공자 간의 서비스 이용 조건 및 절차, 회사와 앱스제공자 간의 권리·의무 및 책임 사항, 기타 필요한 사항을 규정함을 목적으로 합니다.

제 2 조 (용어 정의)

이 약관에서 사용하는 용어의 정의는 다음 각 호와 같으며, 정의되지 않은 용어에 대한 해석은 관련 법령 및 서비스 공지 사항 등 안내에서 정하는 바에 따릅니다.

1. 앱스라 함은 회사의 어플리케이션 플랫폼에서 동작할 수 있도록 회사가 앱스제공자에게 제공하는 API(Application Programming Interface)와 어플리케이션 플랫폼 가이드에 따라 제작된 어플리케이션을 말합니다.

2. 앱스토어라 함은 앱스제공자가 제작한 앱스를 앱스이용자에게 제공하고, 앱스이용자가 이를 이용할 수 있도록 하는 것을 말합니다.

3. 앱스제공자라 함은 회사가 제공하는 서비스를 통하여 앱스이용자에게 앱스를 제공하는 자를 말합니다.

4. 앱스이용자라 함은 회사가 제공하는 서비스를 통하여 앱스를 이용하는 자를 말합니다.

5. 회원이라 함은 앱스제공자 또는 앱스이용자를 말합니다.

제 3 조 (약관의 효력 및 변경)

① 이 약관은 서비스 화면에 게시하거나 기타의 방법으로 공지함으로써 효력이 발생합니다.

② 회사는 약관의 규제에 관한 법률, 전자상거래등에서의 소비자보호에 관한 법률, 정보통신망 이용촉진 및 정보보호 등에 관한 법률 등 관련 법률에 위배되지 않는 범위 내에서 이 약관을 개정할 수 있습니다.

③ 이 약관은 앱스제공자가 이 약관에 "동의합니다"를 선택하고, 회사가 이를 승낙함으로써 성립합니다.

④ 앱스제공자가 제3항의 "동의합니다"를 선택하는 것은 이 약관의 내용을 숙지하고, 앱스토어 어플리케이션 플랫폼 가이드 등 서비스 관련 운영 정책(이하 "운영 정책"이라 합니다)과 공지 사항 등을 준수하는 것에 동의하는 것으로 봅니다.

⑤ 회사는 약관을 개정할 경우 적용일자 및 개정사유를 명시하여 현행 약관과 함께 7일 이전부터 적용일자 전일까지 제1항의 방법으로 공지합니다. 다만, 회원의 권리 또는 의무에 관한 중요한 규정의 변경은 최소한 30일 전에 공지하고 개정 약관을 회원이 등록한 메일로 발송하여 통지합니다.

⑥ 회사가 제5항에 따라 개정 약관을 공지 또는 통지하면서 회원에게 공지일 또는 통지일로부터 30일 이내에 거부의사를 표시하지 않으면 의사 표시가 표명된다는 것으로 본다는 뜻을 공지 또는 통지하였음에도 불구하고 회원이 명시적으로 거부 의사를 표시하지 아니하는 경우 회원이 개정 약관에 동의한 것으로 봅니다.

제 4 조 (약관 외 준칙)

이 약관에 명시되지 않은 사항에 대해서는 네이트 이용 약관, 운영 정책 등 제규정 및 정보통신망 이용촉진 및 정보보호 등에 관한 법률, 약관의 규제에 관한 법률 등 관련 법률에 따릅니다.

제 5 조 (권리 및 의무)

① 회사는 안정적인 서비스의 제공을 위하여 설비에 장애가 발생하거나 손상된 경우에는 부득이한 사유가 없는 한 지체 없이 이를 수리 및 복구합니다.

② 회사는 서비스와 관련하여 앱스이용자의 문의나 요청 사항이 접수되는 경우 이를 신속하게 처리하며, 신속한 처리가 곤란한 경우에는 그 사유와 처리 일정을 서비스 화면에 게재하는 등의 방법으로 앱스이용자에게 공지합니다.

③ 회사는 필요한 경우 앱스제공자에게 서비스의 제공과 관련하여 사용료 등을 부과할 수 있으며, 이 경우 회사는 해당 사실을 앱스제공자 및 앱스이용자에게 사전에 통지합니다.

④ 앱스제공자는 회사가 제공하는 "앱스토어 어플리케이션 플랫폼 가이드"에 따라 앱스를 제작, 등록, 관리 등을 하여야 하며, 이와 관련하여 저작권법 등 관련 법률이나 이 약관 또는 운영 정책을 준수하여야 합니다.

⑤ 앱스제공자는 서비스에 등록한 앱스와 관련하여 앱스제공자가 앱스 제공을 중단하거나 기제공한 앱스를 삭제하는 등의 사유로 앱스가 서비스를 통하여 정상적으로 제공될 수 없는 경우 회사에 해당 사실을 사전에 통지하여야 합니다.

⑥ 앱스제공자는 앱스 이용을 위하여 앱스이용자로부터 개인 정보를 수집하거나 앱스 이용과 관련하여 앱스이용자에게 고지하고 동의를 받아야 할 사항이 있는 경우 앱스이용자가 앱스를 이용하기 전에 이를 확인하고 동의 받는 절차를 이행하여야 합니다.

⑦ 앱스제공자는 앱스 이용 또는 운영과 관련된 약관이나 정책 등이 회사의 이 약관이나 운영 정책 또는 관련 법률에 상충되거나 위배되어서는 아니 됩니다.

⑧ 앱스제공자는 앱스와 관련하여 앱스이용자의 문의나 불만 사항이 접수된 경우 지체 없이 이를 처리하여야 합니다.

제 6 조 (책임)

① 앱스제공자는 앱스이용자에게 제공하는 앱스에 오류나 장애가 발생한 경우 즉시 해당 사실을 회사에 통보하고 지체 없이 오류를 처리하거나 장애를 복구한 후 그 결과를 회사에 통지하여야 합니다.

② 회사는 제1항의 오류나 장애 등과 관련하여 회사의 귀책 사유가 없는 한 앱스제공자 또는 앱스 이용자에게 발생한 손해에 대하여 어떠한 책임도 부담하지 않으며, 앱스제공자는 이와 관련하여 발생한 문제를 직접 해결하고 회사를 면책·방어하여야 합니다.

③ 앱스제공자는 서비스를 통하여 앱스를 제공하는데 필요한 법적·행정적 절차를 모두 이행하였음을 보장하며, 이를 위반하여 발생한 문제에 대하여 모든 책임을 부담합니다. 이와 관련하여 회사는 앱스제공자에게 필요한 정보나 증빙 서류 등을 요청할 수 있으며, 앱스제공자는 이에 응하여야 합니다.

④ 앱스제공자는 서비스를 통하여 앱스이용자에게 제공하는 앱스와 관련하여 저작권 침해나 관련 법률 위반을 이유로 제3자(정부 기관 등 포함)로부터 이의(소)가 제기되는 경우 회사를 면책·방어하고 회사에 발생한 모든 손해를 배상하여야 합니다.

⑤ 앱스 사용과 관련하여 제4항의 문제가 발생하는 경우 앱스제공자와 앱스이용자는 문제를 직접 해결하여야 하며 회사는 이를 중재하거나 이에 대하여 법적 책임을 부담할 의무가 없습니다.

제 7 조 (제한 조치 등)

① 회사는 앱스 제공자가 제공한 앱스가 다음 각 호의 1에 해당하는 경우 앱스 제공자에 대하여 서비스 이용을 제한하거나, 해당 앱스를 서비스에서 삭제하거나 등록 거부하는 등 필요한 조치를 취할 수 있습니다.

1. 앱스가 이 약관이나 운영 정책 또는 관련 법률을 위반한 경우

2. 앱스가 저작권 등 제3자의 권리를 침해한 경우

3. 앱스가 건전한 사회질서를 위반하거나 미풍양속을 해친 경우

4. 앱스가 회사가 제시하는 기본 요구 사항(예 : 실행 속도, 품질 등)을 만족하지 못하는 경우

5. 이 약관 및 앱스토어 어플리케이션 플랫폼 가이드에 명시되지 않은 사항이라 하더라도 앱스가 회사의 이미지를 손상시키거나 손상시킬 가능성이 있거나 서비 스에 손해를 야기할 수 있다고 판단될 경우

6. 앱스제공자가 제6조제3항에 따라 회사에 제출한 정보나 증빙 서류가 허위인 경우

② 앱스제공자는 서비스를 통하여 제공하는 앱스에 대하여 회사의 사전 동의 없이 이를 유료로 전환하는 등 앱스 내용이나 이용 조건 등을 변경할 수 없습니다.

제 8 조 (이용자 정보 보호)

① 앱스제공자는 앱스이용자의 개인 정보를 보호하기 위해 회사의 "개인정보취급방침"을 준수하여야 합니다.

② 앱스제공자는 앱스이용자의 개인 정보에 대하여 이를 수집·제공받은 목적 범위 내에서 이를 이용하여야 하며, 서비스 목적상 필요한 경우 앱스이용자로부터 직접 수집·제공 동의 절차를 거쳐 개인정보를 이용하여야 합니다.

③ 앱스이용자가 회원 탈퇴를 하거나, 앱스를 삭제하는 등 앱스제공자가 더 이상 앱스이용자의 개인 정보를 이용할 필요가 없게 된 경우 앱스제공자는 해당 앱스이용자의 개인 정보를 재생 불가능한 형태로 지체 없이 파기해야 합니다.

④ 앱스제공자는 자신의 귀책 사유로 인하여 앱스이용자의 개인 정보가 제3자에게 유출 또는 누설된 경우 이에 대한 모든 책임을 부담하여야 하며, 회사는 이에 대해서 어떠한 법적 책임도 부담하지 않습니다.

제 9 조 (광고 게재)

① 앱스제공자는 앱스이용자를 대상으로 광고 등을 노출하는 경우 회사가 제공하는 "광고 가이드"를 준수하여야 합니다.

② 회사는 앱스제공자가 제공하는 광고 등의 내용이 다음 각 호에 해당하는 경우 제7조 제1항의 조치를 취할 수 있고, 앱스제공자는 해당 광고를 삭제하거나 집행 중단하여야 합니다.

1. 광고 등의 내용이 사회의 안녕질서 및 미풍양속을 저해하는 경우

2. 광고 등의 내용(링크로 연결되는 웹페이지를 포함)이 청소년 보호법, 정보통신망 이용촉진 및 정보보호 등에 관한 법률 등 관련 법률이나 이 약관을 위반하는 경우

3. 앱스이용자의 의사와 상관 없이 웹브라우저를 반복적으로 띄우는 경우

4. 기타 회사의 광고 가이드를 위반하는 경우

③ 회사는 앱스제공자가 제공하는 광고를 앱스이용자가 이용하거나 참여하는 과정에서 발생하는 문제에 대하여 어떠한 법률적 책임도 부담하지 않으며, 문제가 발생하는 경우 이는 앱스제공자와 앱스이용자 간에 직접 해결하여야 하는 것으로, 회사는 양자 간의 분쟁에 개입하지 않습니다.

제 10 조(회사의 면책 사항)

① 회사는 천재지변 또는 이에 준하는 불가항력으로 인하여 서비스를 제공할 수 없는 경우에는 서비스 제공에 관한 책임을 부담하지 않습니다.

② 회사는 앱스제공자 또는 앱스이용자의 귀책 사유로 인해 서비스가 중단되는 경우 이에 대하여 어떠한 법적 책임도 부담하지 않습니다.

③ 회사는 앱스제공자 또는 앱스이용자가 서비스를 이용하여 발생하는 문제에 대하여 회사의 귀책 사유가 없는 한 법적 책임을 부담하지 않습니다.

제 11 조(분쟁 조정 및 관할 법원)

서비스 이용과 관련하여 문제가 발생하여 소송을 제기하는 경우에는 대한민국 민사소송법에 따른 법원을 합의관할법원으로 합니다.

부칙

[시행일] 이 약관은 2009년 7월 7일부터 시행합니다.

개인정보 취급방침

당사는 회원의 개인정보보호를 매우 중요시하며, 『정보통신망이용촉진및정보보호등에 관한 법률』상의 개인정보보호 규정 및 방송통신위원회가 제정한 『개인정보보호지침』을 준수하고 있습니다.당사는 아래와 같이 개인정보취급방침을 명시하여 회원이 온라인상에서 회사에 제공한 개인정보가 어떠한 용도와 방식으로 이용되고 있으며 개인정보보호를 위해 어떠한 조치를 취하는지 알려드립니다.당사 개인정보취급방침은 정부의 법률 및 지침의 변경과 당사의 약관 및 내부 정책에 따라 변경될 수 있으며 이를 개정하는 경우 회사는 변경사항에 대하여 즉시 홈페이지에 게시합니다.

1. 개인정보의 수집 및 이용 목적

개인정보는 생존하는 개인에 관한 정보로서 실명,주민등록번호 등의 사항으로 당사 회원 개인을 식별할 수 있는 정보(당해 정보만으로는 특정 개인을식별할 수 없더라도 다른 정보와 용이하게 결합하여 식별할 수 있는 것을 포함)를 말합니다. 당사가 수집한 개인정보는 다음의 목적을 위해 활용합니다.

> 1)서비스 제공에 관한 계약 이행 및 서비스 제공에 따른 요금정산콘텐츠 제공, 물품배송 또는 청구서 등 발송, 금융거래 본인 인증 및 금융 서비스, 구매 및 요금 결제, 요금 추심

> 2)회원 관리회원제 서비스 이용에 따른 본인확인, 개인식별, 불량회원의 부정 이용 방지와 비인가 사용 방지, 가입 의사 확인, 가입 및 가입횟수 제한, 만14세 미만 아동 개인 정보수집 시 법정 대리인 동의여부 확인, 추후 법정 대리인 본인확인, 분쟁 조정을 위한 기록보존, 불만처리 등 민원처리, 고지사항 전달

> 3)마케팅 및 광고에 활용신규 서비스(제품) 개발 및 특화, 인구통계학적 특성에 따른 서비스 제공 및 광고게재, 접속 빈도 파악, 회원의 서비스 이용에 대한 통계,

이벤트 등 광고성 정보 전달(회원님의 개인정보는 광고를 의뢰한 개인이나 단체에는 제공되지 않습니다.)

2. 수집하는 개인정보 항목 및 수집방법

[수집하는 개인정보 항목]

1)최초 회원가입시 회원식별 및 최적화된 서비스 제공을 위해 아래와 같은 정보를 수집합니다.

①필수항목: 이름, 주민등록번호, 아이디, 비밀번호, 직업, 이메일주소, 주소, 전화번호, 만14세미만인 경우 법정대리인 정보

②선택사항: 별명, 생년월일, 결혼기념일, 관심정보설정, 휴대전화번호

2)서비스 이용과정이나 사업 처리과정에서 아래와 같은 정보들이 생성되어 수집될 수 있습니다.

①서비스 이용기록, 접속로그, 쿠키, 접속IP 정보, 결제기록, 불량이용 기록

[수집방법]

당사는 다음과 같은 방법으로 개인정보를 수집합니다.

1)홈페이지를 통한 회원가입, 상담 게시판, 경품 행사응모, 배송 요청

2)제휴사로부터의 제공

3)생성정보 수집 툴을 통한 수집

3. 수집하는 개인정보의 보유 및 이용기간

원칙적으로 개인정보 수집 및 이용목적이 달성된 후에는 해당 정보를 지체 없이 파기합니다.단, 다음의 정보에 대해서는 아래의 이유로 명시한 기간동안 보존합니다.

1)회원탈퇴시 보존 개인정보

①보존항목: 회원님께서 제공한 이름, 주민등록번호, 아이디, 이메일주소, 주소, 전화번호

②보존근거: 불량 이용자의 재가입 방지, 명예훼손 등 권리침해 분쟁 및 수사
협조

③보존기간: 회원탈퇴 후 1년

2)상거래 관련 보존 개인정보

①보존항목: 상거래이력

②보존근거: 상법, 전자상거래등에서의 소비자보호에 관한 법률

③보존기간: 계약 또는 청약철회 등에 관한 기록 : 5년대금결제 및 재화등의
공급에 관한 기록 : 5년소비자의 불만 또는 분쟁처리에 관한 기록 : 3년

4. 개인정보의 파기절차 및 방법

당사는 원칙적으로 개인정보 수집 및 이용목적이 달성되거나, 보유 및 이용기간이 경과
된 후에는 해당 정보를 지체 없이 파기합니다.파기절차 및 방법은 다음과 같습니다.

1)파기절차
회원님이 회원가입 등을 위해 입력하신 정보는 목적이 달성된 후 내부 방침 및
기타 관련 법령에 의한 정보보호 사유에 따라 (보유 및 이용기간 참조) 일정 기
간 저장된 후파기되어집니다.동 개인정보는 법률에 의한 경우가 아니고서는 보
유되어지는 이외의 다른 목적으로 이용되지 않습니다.

2)파기방법
종이에 출력된 개인정보는 분쇄기로 분쇄하거나 소각을 통하여 파기하고전자적
파일형태로 저장된 개인정보는 기록을 재생할 수 없는 기술적 방법을 사용하여
삭제합니다.

5. 개인정보의 제공 및 공유

원칙적으로 당사는 회원님의 개인정보를 수집 및 이용목적에 한해서만 이용하며 타인
또는 타기업·기관에 공개하지 않습니다. 다만, 아래의 경우에는예외로 합니다.

1)이용자들이 사전에 동의한 경우정보수집 또는 정보제공 이전에 회원님께 비즈니
스 파트너가 누구인지, 어떤 정보가 왜 필요한지, 그리고 언제까지 어떻게 보호/

관리되는지 알려드리고 동의를 구하는절차를 거치게 되며, 회원님께서 동의하지 않는 경우에는 추가적인 정보를 수집하거나 비즈니스 파트너와 공유하지 않습니다.

2)법령의 규정에 의거하거나, 수사 목적으로 법령에 정해진 절차와 방법에 따라 수사기관의 요구가 있는 경우

6. 개인정보취급 위탁

당사는 전문적인 고객지원 및 서비스 제공을 위해 아래와 같이 개인정보 취급 업무를 외부 업체에 위탁하여 운영하고 있습니다.위탁계약 시 개인정보보호의 안전을 기하기 위하여 개인정보보호 관련 지시 엄수, 개인정보에 관한 유출금지 및 사고시의 책임부담 등을 명확히 규정하고위탁계약 내용에 포함되어 있습니다.[서비스 제공 위탁업체]위탁 업체명: 엠피씨, 서비스퀘어위탁업무: 고객센터 운영

7. 개인정보 자동 수집 장치의 설치 · 운영 및 거부에 관한 사항

회원님 개개인에게 개인화되고 맞춤화된 서비스를 제공하기 위해서 당사는 회원님의 정보를 저장하고 수시로 불러오는 '쿠키(cookie)'를 사용합니다.쿠키는 웹사이트를 운영하는데 이용되는 서버가 사용자의 브라우저에게 보내는 조그마한 데이터 꾸러미로 회원님 컴퓨터의 하드디스크에 저장됩니다.

1)쿠키의 사용 목적회원과 비회원의 접속 빈도나 방문 시간 등을 분석, 이용자의 취향과 관심분야를 파악 및 자취 추적, 각종 이벤트 참여 정도 및 방문 회수 파악 등을 통한 타겟 마케팅 및개인 맞춤 서비스 제공

2)쿠키 설정 거부 방법귀하는 쿠키 설치에 대한 선택권을 가지고 있습니다. 따라서, 귀하는 웹브라우저에서 옵션을 설정함으로써 모든 쿠키를 허용하거나, 쿠키가 저장될 때마다 확인을 거치거나, 아니면 모든 쿠키의 저장을 거부할 수도 있습니다.* 설정방법 예(인터넷 익스플로러의 경우): 웹 브라우저 상단의 도구 〉인터넷 옵션 〉개인정보 (단, 쿠키 설치를 거부하였을 경우 로그인이 필요한 일부 서비스의 이용이 어려울 수 있습니다.)

8. 개인정보보호를 위한 기술적/관리적 대책

1)기술적인 대책

①회원님의 개인정보는 비밀번호에 의해 보호되며, 파일 및 전송 데이터를 암호화하거나 파일 잠금기능(Lock)을 사용하여 중요한 데이터는 별도의 보안기능을 통해보호되고 있습니다.

②당사는 백신프로그램을 이용하여 컴퓨터바이러스에 의한 피해를 방지하기 위한 조치를 취하고 있습니다. 백신프로그램은 주기적으로 업데이트되며 갑작스런바이러스가 출현될 경우 백신이 나오는 즉시 이를 적용함으로써 개인정보가 침해되는 것을 방지하고 있습니다.

③당사는 암호알고리즘을 이용하여 네트워크 상의 개인정보를 안전하게 전송할 수 있는 보안장치(SSL 또는 SET)를 채택하고 있습니다.

④해킹 등에 의해 귀하의 개인정보가 유출되는 것을 방지하기 위하여, 외부로부터의 침입을 차단하는 장치를 이용하고 있으며 주요 서버마다 침입탐지시스템을 설치하여 24시간 침입을 감시하고 있습니다.

2)관리적인 대책

①위와 같은 노력 이외에 회원님 스스로도 제3자에게 비밀번호 등이 노출되지 않도록 주의하셔야 합니다. 특히 비밀번호 등이 공공장소에 설치한 PC를 통해 유출되지않도록 항상 유의하시기 바랍니다. 회원님의 ID와 비밀번호는 반드시 본인만 사용하시고 비밀번호를 자주 바꿔주시는 것이 좋습니다.

②당사는 개인정보 취급직원을 개인정보 관리업무를 수행하는 자 및 업무상 개인정보의 취급이 불가피 한 자로 엄격히 제한하고 담당직원에 대한 수시 교육을 통하여본 정책의 준수를 강조하고 있으며, 감사위원회의 감사를 통하여 본 정책의 이행사항 및 담당직원의 준수여부를 확인하여 문제가 발견될 경우 바로 시정조치하고있습니다.

9. 이용자 및 법정대리인의 권리와 그 행사방법

이용자 및 법정 대리인은 언제든지 등록되어 있는 자신의 개인정보를 조회하거나 수정할 수 있으며 가입해지를 요청할 수도 있습니다. 이용자 혹은 만 14세 미만 아동의 개인정보 조회·수정을 위해서는 당사 홈에 있는 '회원정보수정'를, 가입해지시에는 '해지

신청'를 클릭하여 본인 확인 절차를 거치신 후 직접 열람, 정정 또는 탈퇴가 가능합니다. 혹은 개인정보관리책임자에게 서면, 전화 또는 이메일로 연락하시면 지체 없이 조치하겠습니다. 귀하가 개인정보의 오류에 대한 정정을 요청하신 경우에는 정정을 완료하기 전까지 당해 개인정보를 이용 또는 제공하지 않습니다. 또한 잘못된 개인정보를 제3자에게 이미 제공한 경우에는 정정 처리결과를 제3자에게 지체 없이 통지하여 정정이 이루어지도록 하겠습니다. 당사는 이용자 혹은 법정 대리인의 요청에 의해 해지 또는 삭제된 개인정보는 "당사가 수집하는 개인정보의 보유 및 이용기간"에 명시된 바에 따라 처리하고 그 외의 용도로 열람 또는 이용할 수 없도록 처리하고 있습니다.

10. 개인정보관리책임자 및 상담 · 신고

고객의 개인정보를 보호하고 개인정보와 관련한 불만을 처리하기 위하여 당사는 개인정보관리책임자를 두고 있습니다. 고객의 개인정보와 관련한 문의사항이 있으시면 아래의 개인정보관리책임자 또는 개인정보관리담당자에게 연락 주시기 바랍니다.

개인정보 관리책임자

강은성 상무 (소속 : CSO) | 1599–7983 | nate_privacy@nate.com

개인정보 관리담당자

김낙춘 팀장 (소속 : CV전략팀) | 1599–1249 | nate_privacy@nate.com

개인정보침해에 관한 상담이 필요한 경우에는 개인정보침해신고센터, 대검찰청 인터넷범죄수사센터, 경찰청 사이버테러대응센터 등으로 문의하실 수 있습니다.

[개인정보침해신고센터]

1336 | URL : http://www.cyberprivacy.or.kr

[대검찰청 인터넷범죄수사센터]

02–3480–3600 | URL : http://www.spo.go.kr

[경찰청 사이버테러대응센터]

02–392–0330 | URL : http://www.ctrc.go.kr

11. 부칙

법령. 정책 또는 보안기술의 변경에 따라 내용의 추가. 삭제 및 수정이 있을 시에는 변경사항 시행일의 7일전부터 당사 사이트의 공지사항을 통하여고지합니다.이 개인정보취급방침은 2009년 2월 16일부터 적용됩니다.개인정보취급방침 변경공고일자 : 2009년 2월 9일개인정보취급방침 시행일자 : 2009년 2월 16일

청소년 보호정책 및 보호활동

당사는 청소년이 건전한 인격체로 성장할 수 있도록 하기 위하여 『정보통신망이용촉진 및 정보보호 등에 관한 법률 및청소년보호법』에 근거하여 19세 미만의 청소년들이 유해정보에 접근할 수 없도록 청소년보호정책을 마련하여 시행하고 있습니다.당사는 청소년의 건전한 성장을 저해하는 음란, 불법 등의 유해정보와 비윤리적, 반사적 행위에 대해서 엄격하게 제재하기 위하여다음과 같이 활동하고 있습니다.

1)청소년유해정보로부터의 청소년보호계획의 수립

2)청소년유해정보에 대한 청소년접근제한 및 관리조치

3)정보통신업무 종사자에 대한 청소년유해정보로부터의 청소년보호를 위한 교육

4)청소년유해정보로 인한 피해상담 및 고충처리

5)그 밖에 청소년유해정보로부터 청소년을 보호하기 위하여 필요한 사항

청소년보호 책임자

강은성 상무 (소속 : CSO) ㅣ 1599-7983 ㅣ nate_privacy@nate.com

청소년보호 담당자

김낙춘 팀장 (소속 : CV전략팀) ㅣ 1599-7983 ㅣ nate_privacy@nate.com

#_03

게임산업진흥에 관한 법률

법률 제7941호 신규제정 2006. 04. 28.
법률 제8247호 일부개정 2007. 01. 19.
법률 제8739호 일부개정 2007. 12. 21.
법률 제8852호 일부개정 2008. 02. 29.

제1장 총 칙

제1조 (목적)

이 법은 게임산업의 기반을 조성하고 게임물의 이용에 관한 사항을 정하여 게임산업의 진흥 및 국민의 건전한 게임문화를 확립함으로써 국민경제의 발전과 국민의 문화적 삶의 질 향상에 이바지함을 목적으로 한다.

제2조 (정의)

이 법에서 사용하는 용어의 정의는 다음과 같다. [개정 2007.1.19, 2008.2.29]

1. "게임물"이라 함은 컴퓨터프로그램 등 정보처리 기술이나 기계장치를 이용하여 오락을 할 수 있게 하거나 이에 부수하여 여가선용, 학습 및 운동효과 등을 높일 수 있도록 제작된 영상물 또는 그 영상물의 이용을 주된 목적으로 제작된 기기 및 장치를 말한다. 다만, 다음 각 목의 어느 하나에 해당하는 것을 제외한다.

   가. 사행성게임물

   나. 「관광진흥법」 제3조의 규정에 의한 관광사업의 규율대상이 되는 것

   다. 게임물과 게임물이 아닌 것이 혼재되어 있는 것으로서 문화체육관광부장관이 정하여 고시하는 것

1의2. "사행성게임물"이라 함은 다음 각 목에 해당하는 게임물로서, 그 결과에 따라 재산상 이익 또는 손실을 주는 것을 말한다.

　가. 베팅이나 배당을 내용으로 하는 게임물

　나. 우연적인 방법으로 결과가 결정되는 게임물

　다. 「한국마사회법」에서 규율하는 경마와 이를 모사한 게임물

　라. 「경륜·경정법」에서 규율하는 경륜·경정과 이를 모사한 게임물

　마. 「관광진흥법」에서 규율하는 카지노와 이를 모사한 게임물

　바. 그 밖에 대통령령이 정하는 게임물

2. "게임물내용정보"라 함은 게임물의 내용에 대한 폭력성·선정성(선정성) 또는 사행성(사행성)의 여부 또는 그 정도와 그 밖에 게임물의 운영에 관한 정보를 말한다.

3. "게임산업"이라 함은 게임물 또는 게임상품(게임물을 이용하여 경제적 부가가치를 창출하는 유·무형의 재화·서비스 및 그의 복합체를 말한다. 이하 같다)의 제작·유통·이용제공 및 이에 관한 서비스와 관련된 산업을 말한다.

4. "게임제작업"이라 함은 게임물을 기획하거나 복제하여 제작하는 영업을 말한다.

5. "게임배급업"이라 함은 게임물을 수입(원판수입을 포함한다)하거나 그 저작권을 소유·관리하면서 게임제공업을 하는 자 등에게 게임물을 공급하는 영업을 말한다.

6. "게임제공업"이라 함은 공중이 게임물을 이용할 수 있도록 이를 제공하는 영업을 말한다. 다만, 다음 각 목의 어느 하나에 해당하는 경우를 제외한다.

　가. 「관광진흥법」에 의한 카지노업을 하는 경우

　나. 「사행행위 등 규제 및 처벌특례법」에 의한 사행기구를 갖추어 사행행위를 하는 경우

　다. 제4호 내지 제8호에 규정한 영업 외의 영업을 하면서 고객의 유치 또는 광고 등을 목적으로 당해 영업소의 고객이 게임물을 이용할 수 있도록 하는 경우로서 대통령령이 정하는 종류 및 방법 등에 의하여 게임물을 제공하는 경우

　라. 제7호의 규정에 의한 인터넷컴퓨터게임시설제공업의 경우

　마. 제22조제2항의 규정에 따라 사행성게임물에 해당되어 등급분류 거부결정을 받은 게임물을 제공하는 경우

6의2. 제6호의 게임제공업 중 일정한 물리적 장소에서 필요한 설비를 갖추고 게임물을 제공하는 영업은 다음 각 호와 같다.

　가. 청소년게임제공업 : 제21조의 규정에 따라 등급분류된 게임물 중 전체이용가 게임물을 설치하여 공중의 이용에 제공하는 영업

　나. 일반게임제공업 : 제21조의 규정에 따라 등급분류된 게임물 중 청소년이용불가 게임물과 전체이용가 게임물을 설치하여 공중의 이용에 제공하는 영업

7. "인터넷컴퓨터게임시설제공업"이라 함은 컴퓨터 등 필요한 기자재를 갖추고 공중이 게임물을 이용하게 하거나 부수적으로 그 밖의 정보제공물을 이용할 수 있도록 하는 영업을 말한다.

8. "복합유통게임제공업"이라 함은 게임제공업 또는 인터넷컴퓨터게임시설제공업과 이 법에 의한 다른 영업 또는 다른 법률에 의한 영업을 동일한 장소에서 함께 영위하는 영업을 말한다.

9. "게임물 관련사업자"라 함은 제4호 내지 제8호의 영업을 하는 자를 말한다. 다만, 제6호다목의 영업을 하는 자는 제28조의 적용에 한하여 게임물 관련사업자로 본다.

10. "청소년"이라 함은 18세 미만의 자(「초ㆍ중등교육법」 제2조의 규정에 의한 고등학교에 재학 중인 학생을 포함한다)를 말한다.

제3조 (게임산업진흥종합계획의 수립ㆍ시행)

①문화체육관광부장관은 관계중앙행정기관의 장과 협의하여 게임산업의 진흥을 위한 종합계획(이하 "종합계획"이라 한다)을 수립ㆍ시행하여야 한다. [개정 2008.2.29]

②종합계획에는 다음 각 호의 사항이 포함되어야 한다.

　1. 종합계획의 기본방향

　2. 게임산업과 관련된 제도와 법령의 개선

　3. 게임문화 및 창작활동의 활성화

　4. 게임산업의 기반조성과 균형 발전

　5. 게임산업의 국제협력 및 해외시장 진출

　6. 위법하게 제작ㆍ유통되거나 이용에 제공되는 게임물의 지도ㆍ단속

　7. 게임산업의 건전한 발전과 이용자보호

　8. 그밖에 게임산업의 진흥을 위하여 필요한 사항으로서 대통령령이 정하는 사항

③지방자치단체의 장이 제2항제3호 내지 제5호의 규정에 해당하는 사업을 추진하고자 하는 경우에는 미리 문화체육관광부장관과 협의하여야 한다. [개정 2008.2.29]

제2장 게임산업의 진흥

제4조 (창업 등의 활성화)

①정부는 게임산업과 관련한 창업을 활성화하고 우수게임상품의 개발 및 게임물 관련시설의 현대화를 위하여 창업자나 우수게임상품을 개발한 자 등에게 필요한 지원을 할 수 있다.

②제1항의 규정에 의한 지원의 절차와 방법에 관하여 필요한 사항은 대통령령으로 정한다.

제5조 (전문인력의 양성)

①정부는 게임산업에 관한 전문인력의 양성을 위하여 다음 각 호의 사항에 관한 계획을 수립 · 시행하여야 한다.

1. 게임산업에 관한 전문인력의 수급분석 및 인적자원 개발
2. 게임산업에 관한 전문인력의 양성을 위한 학계, 산업체 및 공공기관과의 협력 강화

②정부는 게임산업 전문인력의 양성을 위하여 대통령령이 정하는 바에 따라 대학 · 연구기관 그 밖의 전문기관을 전문인력 양성기관으로 지정하고 교육 및 훈련에 필요한 비용의 전부 또는 일부를 지원할 수 있다.

제6조 (기술개발의 추진)

정부는 게임산업과 관련된 기술개발과 기술수준의 향상을 위하여 다음 각 호의 사업을 추진할 수 있다.

1. 게임산업 동향 및 수요 조사
2. 게임응용기술의 연구개발 · 평가 및 활용
3. 게임기술이전 및 정보교류

제7조 (협동개발 및 연구)

①정부는 게임물 또는 게임상품의 개발·연구를 위하여 인력·시설·기자재·자금 및 정보 등의 공동 활용을 통한 협동개발과 연구를 촉진시킬 수 있는 제도적 기반을 구축하도록 노력하여야 한다.

②정부는 제1항의 규정에 의한 협동개발과 연구를 추진하는 자에 대하여 협동개발 및 연구에 소요되는 비용의 전부 또는 일부를 지원할 수 있다.

제8조 (표준화 추진)

①정부는 게임물 관련사업자에 대하여 「산업표준화법」에서 정한 것을 제외한 게임물의 규격 등 대통령령이 정하는 사항에 관하여 표준화를 권고할 수 있다.

②정부는 제1항의 규정에 의한 표준화사업을 추진하기 위하여 필요한 경우에는 게임물에 관한 전문기관 및 단체를 지정하여 표준화사업을 실시하도록 하고 당해 기관 또는 단체에 표준화사업을 위한 비용의 전부 또는 일부를 지원할 수 있다.

제9조 (유통질서의 확립)

①정부는 게임물 및 게임상품의 건전한 유통질서 확립에 노력하여야 한다.

②정부는 게임물 및 게임상품의 품질향상과 불법복제품 및 사행성게임물의 유통방지를 위한 시책을 수립·추진하여야 한다. [개정 2007.1.19] [[시행일 2007.4.20]]

③시장·군수·구청장(자치구의 구청장을 말한다. 이하 같다)은 게임물 및 게임상품의 건전한 유통질서 확립과 건전한 게임문화의 조성을 위하여 게임물 관련사업자를 대상으로 연 3시간의 범위 안에서 대통령령이 정하는 바에 따라 교육을 실시할 수 있다.

④시장·군수·구청장은 건전한 게임문화의 조성을 위하여 문화체육관광부령이 정하는 바에 따라 영업질서 및 영업환경 등이 우수한 게임제공영업소를 모범영업소로 지정하고 이를 지원할 수 있다. [개정 2008.2.29]

제10조 (국제협력 및 해외진출 지원)

①정부는 게임물 및 게임상품의 해외시장 진출을 위하여 다음 각 호의 사업을 추진할 수 있다.

1. 국제게임전시회의 국내개최

2. 해외마케팅 및 홍보활동, 외국인의 투자유치

3. 해외진출에 관한 정보제공

②정부는 제1항 각 호의 사업을 추진하는 자에게 비용의 전부 또는 일부를 지원할 수 있다.

제11조 (실태조사)

①정부는 게임산업 관련정책의 수립·시행을 위하여 게임산업에 관한 실태조사를 실시하여야 한다. [개정 2007.1.19] [[시행일 2007.4.20]]

②제1항의 규정에 따른 실태조사의 대상·방법 등에 관하여 필요한 사항은 대통령령으로 정 한다. [신설 2007.1.19] [[시행일 2007.4.20]]

제3장 게임문화의 진흥

제12조 (게임문화의 기반조성)

①정부는 건전한 게임문화의 기반을 조성하기 위하여 다음 각 호의 사업을 추진하여야 한다. [개정 2007.1.19] [[시행일 2007.4.20]] 1. 게임과몰입이나 사행성·폭력성·선정성 조장 등 게임의 역기능을 예방하기 위한 정책개발 및 시행

2. 게임문화 체험시설 또는 상담·교육시설 등 공공목적의 게임문화시설의 설치·운영

3. 건전한 게임문화조성을 위한 사업이나 활동을 하는 단체에 대한 지원

②문화체육관광부장관은 청소년의 게임문화 기반을 조성하기 위하여 제21조제2항제4호의 청소년이용불가 게임물 외의 게임물을 제공하는 게임물 관련사업자에 대한 지원시책을 추진할 수 있다. [개정 2007.1.19, 2008.2.29]

③제1항 및 제2항의 규정에 의한 사업추진 및 지원 등에 관하여 필요한 사항은 대통령령으로 정한다.

제12조의2 (게임과몰입의 예방 등)

①정부는 게임과몰입이나 게임물의 사행성·선정성·폭력성 등(이하 "게임과몰입 등"이라 한다)의 예방 등을 위해 다음 각 호의 정책을 수립·시행하여야 한다.

1. 게임과몰입등의 예방과 치료를 위한 기본계획의 수립·시행

2. 게임과몰입등에 대한 실태조사 및 정책대안의 개발

3. 게임과몰입등의 예방을 위한 상담, 교육 및 홍보활동의 시행

　4. 게임과몰입등의 예방을 위한 전문인력의 양성 지원

　5. 게임과몰입등의 예방을 위한 전문기관 및 단체에 대한 지원

　6. 그 밖에 게임과몰입등의 예방을 위하여 필요한 정책으로 대통령령이 정하는 사항

②문화체육관광부장관은 제1항에서 정한 사항의 수행을 위하여 대통령령이 정하는 바에 따라 게임과몰입 예방 등을 위한 전문기관을 설립, 지원할 수 있다. [개정 2008.2.29]

③문화체육관광부장관은 게임과몰입의 예방 등을 위해 필요한 경우 관계 중앙행정기관, 지방자치단체, 그 밖에 관련 법인 및 단체, 게임물 관련사업자 등에게 협조를 요청할 수 있으며, 협조요청을 받은 기관·단체 등은 특별한 이유가 없는 한 이에 협조하여야 한다. [개정 2008.2.29]

④게임물 관련사업자는 게임과몰입의 예방 등을 위해 제1항에서 정한 정책의 수립, 시행에 협력하여야 한다.

[본조신설 2007.1.19] [[시행일 2007.4.20]]

제13조 (지적재산권의 보호)

①정부는 게임의 창작활동을 보호하고 육성하기 위하여 게임물의 지적재산권 보호시책을 강구하여야 한다.

②정부는 게임물의 지적재산권 보호를 위하여 다음 각 호의 사업을 추진할 수 있다. 1. 게임물의 기술적 보호

　2. 게임물 및 게임물 제작자를 식별하기 위한 정보 등 권리관리정보의 표시활성화

　3. 게임분야의 저작권 등 지적재산권에 관한 교육·홍보

③정부는 대통령령이 정하는 바에 따라 지적재산권 분야의 전문기관 또는 단체를 지정하여 제2항 각 호의 사업을 추진하게 할 수 있다.

제14조 (이용자의 권익보호)

정부는 게임물을 이용하는 자의 권익을 보호하기 위하여 다음 각 호의 사업을 추진하여야 한다.

　1. 건전한 게임이용문화의 정착을 위한 교육·홍보

2. 게임물의 이용자가 입을 수 있는 피해의 예방 및 구제

3. 유해한 게임물로부터의 청소년 보호

제15조 (이스포츠의 활성화)

①문화체육관광부장관은 국민의 건전한 게임이용문화 조성과 여가활용을 위하여 게임물을 이용하여 하는 경기 및 부대활동 (이하 "이스포츠[전자스포츠]"라 한다)을 지원·육성하여야 한다. [개정 2008.2.29]

②문화체육관광부장관은 이스포츠[전자스포츠]의 지원·육성을 위하여 다음 각 호의 사업을 추진할 수 있다. [개정 2008.2.29] 1. 이스포츠[전자스포츠] 관련 연구활동, 표준화 및 기록관리

2. 이스포츠[전자스포츠] 국제협력 및 교류

3. 이스포츠[전자스포츠] 경기장 등 관련 시설의 설치 및 지원

4. 이스포츠[전자스포츠]산업 활성화 및 이스포츠[전자스포츠] 선수 권익향상

5. 그 밖에 이스포츠[전자스포츠]의 진흥에 관한 사항으로서 대통령령이 정하는 사항

③문화체육관광부장관은 이스포츠[전자스포츠]에 관한 사업을 하는 협회 또는 단체가 제2항 각 호의 사업을 추진하는 경우에는 그 비용의 전부 또는 일부를 지원할 수 있다. [개정 2008.2.29]

제4장 등급분류

제16조 (게임물등급위원회)

①게임물의 윤리성 및 공공성을 확보하고 청소년을 보호하기 위하여 게임물등급위원회(이하 "등급위원회"라 한다)를 둔다.

②등급위원회는 다음 각 호의 사항을 심의·의결한다. [개정 2007.1.19, 2007.12.21] [[시행일 2008.3.22]]

1. 게임물의 등급분류에 관한 사항

2. 청소년 유해성 확인에 관한 사항

3. 게임물의 사행성 확인에 관한사항

4. 게임물의 등급분류에 따른 제작·유통 또는 이용제공 여부의 확인 등 등급분류의 사후관리에 관한 사항

5. 게임물의 등급분류의 객관성 확보를 위한 조사·연구에 관한 사항

6. 등급위원회규칙의 제정·개정 및 폐지에 관한 사항

7. 제17조의2제2항의 규정에 따른 위원의 기피신청에 관한 사항

8. 「정보통신망 이용촉진 및 정보보호 등에 관한 법률」 제2조제1항제1호의 정보통신망(이하 "정보통신망"이라 한다)을 통하여 제공되는 게임물 또는 광고·선전물 등이 제38조제7항의 시정권고 대상이 되는지의 여부에 관한 사항

③등급위원회는 위원장 1인을 포함한 15인 이내의 위원으로 구성하되, 위원장은 상임으로 한다.

[개정 2007.1.19] [[시행일 2007.4.20]]

④등급위원회의 위원장은 위원 중에서 호선하고, 등급위원회의 위원은 문화예술·문화산업·청소년·법률·교육·언론·정보통신 분야와 「비영리민간단체 지원법」에 의한 비영리민간단체 등에서 종사하고 게임산업·아동 또는 청소년에 대한 전문성과 경험이 있는 자 중에서 대통령령이 정하는 단체의 장의 추천에 의하여 문화체육관광부장관이 위촉하며, 선임기준에 관한 구체적인 사항은 대통령령으로 정한다. [개정 2007.1.19, 2008.2.29]

⑤위원장 및 위원의 임기는 3년으로 한다.

⑥등급위원회의 업무를 효율적으로 수행하기 위하여 필요한 경우 분과위원회를 둘 수 있다.

[신설 2007.1.19] [[시행일 2007.4.20]]

⑦등급위원회의 구성·운영에 관하여 필요한 사항은 등급위원회규정으로 정한다.

[개정 2007.1.19] [[시행일 2007.4.20]]

제17조 (감사)

①등급위원회의 업무 및 회계에 관한 사항을 감사하기 위하여 등급위원회에 감사 1인을 둔다.

②감사는 문화체육관광부장관이 임명하며, 비상임으로 한다. [개정 2007.1.19, 2008.2.29]

③감사의 임기는 3년으로 한다.

제17조의2 (위원의 제척·기피 및 회피)

①등급위원회의 위원은 다음 각 호의 어느 하나에 해당하는 사항에 대한 심의·의결에서 제척된다.

1. 위원 또는 그 배우자나 배우자이었던 자가 제21조제1항의 규정에 따른 게임물의 등급분류신청 등 이 법에 따라 등급위원회에 신청(이하 이 조에서 "신청"이라 한다)한 사항

2. 위원 또는 그 배우자나 배우자이었던 자와 공동권리자 또는 공동의무자의 관계에 있는 자가 신청한 사항

3. 위원과 친족관계에 있거나 친족관계에 있었던 자가 신청한 사항

②신청을 한 자는 위원이 불공정한 의결을 할 우려가 있다고 인정할 만한 상당한 이유가 있는 때에는 그 사실을 서면으로 소명하고 기피신청을 할 수 있다.

③위원은 제1항 각 호의 어느 하나에 해당하는 사유 또는 제2항의 규정에 따라 기피신청을 할 수 있는 사유에 해당하는 경우에는 스스로 그 사항의 심의·의결을 회피할 수 있다.

④제1항 내지 제3항의 규정에 따른 위원의 제척·기피 및 회피에 관하여 필요한 사항은 등급위원회규정으로 정한다.[본조신설 2007.1.19] [[시행일 2007.4.20]]

제17조의3 (회의록)

①등급위원회는 등급위원회규정이 정하는 바에 따라 회의록을 작정하여야 한다.

②제1항의 회의록은 등급위원회규정이 정하는 바에 따라 공개한다. 다만, 영업비밀의 보호 등 특별한 사정이 있는 경우에는 등급위원회의 의결로써 공개하지 아니할 수 있다.

③제1항 및 제2항의 규정에 따른 공개의 법위·방법과 절차 등에 관하여 필요한 사항은 등급위원회규정으로 정한다.[본조신설 2007.1.19] [[시행일 2007.4.20]]

제18조 (사무국)

①등급위원회의 사무 보조 및 등급분류 사후관리에 관한 사항 점검 등을 위하여 등급위원회에 사무국을 둔다. [개정 2007.1.19] [[시행일 2007.4.20]]

②사무국에 사무국장 1인을 두며, 위원장이 등급위원회의 동의를 얻어 임명한다.

③사무국의 조직과 사후관리에 필요한 사항은 대통령령으로 정하고, 운영에 관하여 필요한 사항은 등급위원회규정으로 정한다. [개정 2007.1.19] [[시행일 2007.4.20]]

제19조 (등급위원회규정의 제정과 개정 등)

①등급위원회규정을 제정 또는 개정 등을 하고자 할 때에는 제정·개정안 등을 20일 이상 관보 등에 예고하여야 하며, 그 규정을 제정·개정 등을 한 때에는 이를 관보 등에 게재·공포하여야 한다.

②등급위원회는 제21조제7항의 규정에 의하여 등급분류의 기준을 정하거나 이를 변경하고자 하는 경우에는 청소년단체, 비영리단체, 학계 또는 산업계의 의견을 수렴하여야 한다. [개정 2007.1.19] [[시행일 2007.4.20]]

제20조 (지원)

①등급위원회의 운영에 필요한 경비는 국고에서 보조할 수 있다.

②국고예산이 수반되는 등급위원회의 사업계획 등은 미리 문화체육관광부장관과 협의하여야 한다. [개정 2008.2.29]

제21조 (등급분류)

①게임물을 유통시키거나 이용에 제공하게 할 목적으로 게임물을 제작 또는 배급하고자 하는 자는 당해 게임물을 제작 또는 배급하기 전에 등급위원회로부터 당해 게임물의 내용에 관하여 등급분류를 받아야 한다. 다만, 다음 각 호의 어느 하나에 해당하는 게임물의 경우에는 그러하지 아니하다. [개정 2007.1.19] [[시행일 2007.4.20]]

  1. 중앙행정기관의 장이 추천하는 게임대회 또는 전시회 등에 이용·전시할 목적으로 제작·배급하는 게임물

  2. 교육·학습·종교 또는 공익적 홍보활동 등의 용도로 제작·배급하는 게임물로서 대통령령이 정하는 것

  3. 게임물 개발과정에서 성능·안전성·이용자만족도 등을 평가하기 위한 시험용 게임물로서 대통령령이 정하는 대상·기준과 절차 등에 따른 게임물

②게임물의 등급은 다음 각 호와 같다. [개정 2007.1.19] [[시행일 2007.4.20]]

  1. 전체이용가 : 누구나 이용할 수 있는 게임물

  2. 12세이용가 : 12세 미만은 이용할 수 없는 게임물

  3. 15세이용가 : 15세 미만은 이용할 수 없는 게임물

  4. 청소년이용불가 : 청소년은 이용할 수 없는 게임물

③제2항의 규정에 불구하고 청소년게임제공업과 일반게임제공업에 제공되는 게임물은 전체이용가와 청소년이용불가 게임물로 분류한다. [신설 2007.1.19] [[시행일 2007.4.20]]

④등급위원회는 등급분류를 신청한 게임물에 대하여 사행성게임물여부를 확인하여야 한다.[개정 2007.1.19] [[시행일 2007.4.20]]

⑤등급분류를 받은 게임물의 내용을 수정한 경우에는 문화체육관광부령이 정하는 바에 따라 24시간 이내에 이를 등급위원회에 신고하여야 한다. 이 경우 등급위원회는 신고된 내용이 등급의 변경을 요할 정도로 수정된 경우에는 신고를 받은 날부터 7일 이내에 등급 재분류 대상임을 통보하여야 하며, 통보받은 게임물은 새로운 게임물로 간주하여 등급위원회규정이 정하는 절차에 따라 새로이 등급분류를 받도록 조치하여야 한다. [신설 2007.1.19, 2008.2.29]

⑥제5항의 규정에 따라 등급분류 변경을 요할 정도의 수정에 해당하면서 새로이 등급분류를 받지 아니하거나 등급분류를 받은 내용과 다르게 제공할 경우 등급위원회에서 직권으로 조사하거나 게임물제공업자 또는 게임물배급업자의 신청에 의하여 등급을 재분류 할 수 있다. [신설 2007.1.19] [[시행일 2007.4.20]]

⑦제1항 및 제2항의 규정에 의한 등급분류 기준 등에 관하여 필요한 사항은 문화체육관광부령으로 정한다. [개정 2007.1.19, 2008.2.29]

⑧등급위원회는 게임물의 사행성 여부 등을 확인하기 위하여 대통령령이 정하는 바에 따라 기술심의를 할 수 있다. [신설 2007.1.19] [[시행일 2007.4.20]]

제22조 (등급분류 거부 및 통지 등)

①등급위원회는 등급분류업무의 수행을 위하여 필요한 경우에는 등급분류를 신청한 자에게 등급심사에 필요한 자료의 제출을 요구할 수 있다.

②등급위원회는 「사행행위 등 규제 및 처벌특례법」, 「형법」 등 다른 법률의 규정에 의하여 규제 또는 처벌대상이 되는 행위 또는 기기에 대하여 등급분류를 신청한 자, 정당한 권원을 갖추지 아니하였거나 거짓 그 밖의 부정한 방법으로 등급분류를 신청한 자 또는 사행성게임물에 해당되는 게임물에 대하여 등급분류를 신청한 자에 대하여 등급분류를 거부할 수 있다. [개정 2007.1.19] [[시행일 2007.4.20]]

③등급위원회는 등급분류 결정을 한 경우에는 다음 각 호의 서류를 신청인에게 교부하고, 사행성게임물에 해당되어 등급분류를 거부결정한 경우에는 결정의 내용 및 그 이유를 기재한 서류를 지체 없이 신청인에게 교부하여야 한다. [개정 2007.1.19] [[시행일 2007.4.20]]

　　1. 게임물의 해당등급을 기재한 등급분류필증

　　2. 등급분류에 따른 의무사항을 기재한 서류

　　3. 게임물내용정보를 기재한 서류

④등급위원회는 등급분류를 받은 게임물이 제2항의 규정에 따른 등급분류 거부 대상인 사실을 알게 된 때에는 지체 없이 등급분류 결정을 취소하여야 한다. [개정 2007.1.19] [[시행일 2007.4.20]]

⑤제1항 내지 제3항의 규정에 의한 자료제출요구의 기준·절차·방법, 등급분류 결정, 등급분류 거부결정 및 사행성게임물 결정의 절차, 등급분류필증의 교부와 게임물내용정보에 포함될 사항 등에 관하여 필요한 사항은 문화체육관광부령으로 정한다. [개정 2008.2.29]

제23조 (등급의 재분류 등)

①제21조의 규정에 의한 등급위원회의 등급분류 결정 또는 제22조의 규정에 따른 등급위원회의 등급분류 거부결정에 대하여 이의가 있는 자는 그 결정의 통지를 받은 날부터 30일 이내에 구체적인 사유를 명시하여 등급위원회에 이의를 신청하여 등급분류를 다시 받을 수 있다. [개정 2007.1.19] [[시행일 2007.4.20]]

②등급위원회는 제1항의 규정에 의한 이의신청을 받은 때에는 이를 심사하여 그 신청에 이유가 있는 경우에는 신청서 접수일부터 15일 이내에 등급분류를 다시 하고 그 결과를 신청인 또는 대리인에게 통지하여야 하며, 이유가 없는 경우에는 이유없음을 통지하여야 한다. [개정 2007.1.19] [[시행일 2007.4.20]]

③제1항 및 제2항의 규정에 의한 신청의 절차 및 결정통지 등에 관하여 필요한 사항은 문화체육관광부령으로 정한다. [개정 2008.2.29]

제24조 (등급분류의 통지 등)

등급위원회는 다음 각 호의 어느 하나에 해당하는 결정 또는 취소를 한 경우에는 대통령령이 정한 행정기관의 장과 제39조의 규정에 의한 협회 또는 단체(이하 "협회 등"이라 한다) 그 밖에 필요하다고 인정되는 기관·단체에 서면으로 통지하고, 그 내용을 문화체육관광부령이 정하는 바에 따라 공표하여야 한다. [개정 2007.1.19, 2008.2.29]

　　1. 제21조제2항 의 규정에 의한 등급분류 결정 또는 제22조제2항의 규정에 따른 사행성게임물의 등급분류 거부결정

　　2. 제22조제4항의 규정에 의한 등급분류 결정의 취소

　　3. 제23조제2항의 규정에 의한 이의신청에 대한 결정

제5장 영업질서 확립

제1절 영업의 신고 · 등록 · 운영

제25조 (게임제작업 등의 등록)

①게임제작업 또는 게임배급업을 영위하고자 하는 자는 문화체육관광부령이 정하는 바에 따라 시장 · 군수 · 구청장에게 등록하여야 한다. 다만, 다음 각 호의 어느 하나에 해당하는 경우에는 등록하지 아니하고 이를 할 수 있다. [개정 2007.1.19, 2008.2.29]

1. 국가 또는 지방자치단체가 제작하는 경우

2. 법령에 의하여 설립된 교육기관 또는 연수기관이 자체교육 또는 연수의 목적으로 사용하기 위하여 제작하는 경우

3. 「정부투자기관 관리기본법」 제2조의 규정에 의한 정부투자기관 또는 정부출연기관이 그 사업의 홍보에 사용하기 위하여 제작하는 경우</

4. 그 밖에 게임기기 자체만으로는 오락을 할 수 없는 기기를 제작하는 경우 등 대통령령이 정하는 경우

②제1항의 규정에 의하여 등록한 자가 문화체육관광부령이 정하는 중요사항을 변경하고자 하는 경우에는 변경등록을 하여야 한다. [개정 2007.1.19, 2008.2.29]

③시장 · 군수 · 구청장은 제1항 또는 제2항의 규정에 의한 등록 또는 변경등록을 받은 경우에는 신청인에게 등록증을 교부하여야 한다. [개정 2007.1.19] [[시행일 2007.4.20]]

④제1항 내지 제3항의 규정에 의한 등록 및 변경등록의 절차 및 방법, 등록증의 교부 등에 관하여 필요한 사항은 문화체육관광부령으로 정한다. [개정 2007.1.19, 2008.2.29]

[본조제목개정 2007.1.19] [[시행일 2007.4.20]]

제26조 (게임제공업 등의 허가 등)

①일반게임제공업을 영위하고자 하는 자는 허가의 기준 · 절차 등에 관하여 대통령령이 정하는 바에 따라 시장 · 군수 · 구청장의 허가를 받아 영업을 할 수 있다. 다만, 「건축법」 제2조제2항제7호의 판매시설에 해당하여야 하고, 「국토의 계획 및 이용에 관한 법률」 제36조제1항제1호가목의 주거지역에 위치하여서는 아니 된다. [신설 2007.1.19] [[시행일 2007.4.20]]

②청소년게임제공업 또는 인터넷컴퓨터게임시설제공업을 영위하고자 하는 자는 문화체육관광부령이 정하는 시설을 갖추어 시장·군수·구청장에게 등록하여야 한다. 다만, 정보통신망을 통하여 게임물을 제공하는 자로서 「전기통신사업법」에 따라 허가를 받거나 신고 또는 등록을 한 경우에는 이 법에 의하여 등록한 것으로 본다. [개정 2007.1.19, 2008.2.29] [[시행일 2007.4.20]]

③복합유통게임제공업을 영위하고자 하는 자는 문화체육관광부령이 정하는 바에 따라 시장·군수·구청장에게 등록하여야 한다. 다만, 제1항 및 제2항의 규정에 따라 일반게임제공업의 허가를 받은 자와 청소년게임제공업 또는 인터넷컴퓨터게임시설제공업의 등록을 한 자가 복합유통게임제공업을 영위하고자 하는 때에는 시장·군수·구청장에게 신고하여야 한다. [개정 2007.1.19, 2008.2.29] [[시행일 2007.4.20]]

④제1항 내지 제3항의 규정에 따라 허가를 받거나 등록 또는 신고를 한 자가 문화체육관광부령이 정하는 중요사항을 변경하고자 하는 경우에는 변경허가를 하거나 변경등록 또는 변경신고를 하여야 한다. [개정 2007.1.19, 2008.2.29] [[시행일 2007.4.20]]

⑤시장·군수·구청장은 제1항 내지 제4항의 규정에 따른 허가·변경허가를 하거나 등록·변경등록 또는 신고·변경신고를 받은 경우에는 문화체육관광부령이 정하는 바에 따라 신청인에게 허가증 또는 등록증·신고증을 교부하여야 한다. [개정 2007.1.19, 2008.2.29] [[시행일 2007.4.20]]

제27조 (영업의 제한)

제25조 및 제26조에 의한 허가를 받거나 등록 또는 신고를 하고자 하는 자가 다음 각 호의 어느 하나에 해당하는 경우에는 제25조 또는 제26조의 규정에 따른 허가를 받거나 등록 또는 신고를 할 수 없다. [개정 2007.1.19] [[시행일 2007.4.20]]

1. 제35조제1항 및 제2항의 규정에 의하여 영업폐쇄명령 또는 허가·등록 취소처분을 받은 후 1년이 경과되지 아니하거나 영업정지처분을 받은 후 그 기간이 종료되지 아니한 자(법인의 경우에는 그 대표자 또는 임원을 포함한다)가 같은 업종을 다시 영위하고자 하는 경우

2. 제35조제1항 및 제2항의 규정에 의하여 영업폐쇄명령 또는 허가·등록 취소처분을 받은 후 1년이 경과되지 아니하거나 영업정지처분을 받은 후 그 기간이 종료되지 아니한 경우에 같은 장소에서 그 영업과 같은 업종을 영위하고자 하는 경우

3.「청소년보호법」제2조제5호의 규정에 의한 청소년유해업소를 영위하는 자가
복합유통게임제공업을 하고자 하는 경우

제28조 (게임물 관련사업자의 준수사항)

게임물 관련사업자는 다음 각 호의 사항을 지켜야 한다. [개정 2007.1.19,
2008.2.29] [[시행일 4.20]]
  1. 제9조제3항의 규정에 의한 유통질서 등에 관한 교육을 받을 것
  2. 게임물을 이용하여 도박 그 밖의 사행행위를 하게 하거나 이를 하도록 내버려
두지 아니할 것
  3. 경품 등을 제공하여 사행성을 조장하지 아니할 것. 다만, 청소년게임제공업의
전체이용가 게임물에 대하여 대통령령이 정하는 경품의 종류(완구류 및 문구류
등. 다만, 현금, 상품권 및 유가증권은 제외한다)·지급기준·제공방법 등에 의
한 경우에는 그러하지 아니하다. [[시행일 2007.4.29]]
  4. 제2조제6호의2가목의 규정에 따른 청소년게임제공업을 영위하는 자는 청소
년이용불가 게임물을 제공하지 아니 할 것
  5. 제2조제6호의2나목의 규정에 따른 일반게임제공업을 영위하는 자는 게임장
에 청소년을 출입시키지 아니할 것 [[시행일 2007.10.20]]
  6. 게임물 및 컴퓨터 설비 등에 문화체육관광부장관이 고시하는 음란물 및 사행
성게임물 차단 프로그램 또는 장치를 설치할 것. 다만, 음란물 및 사행성게임물
차단 프로그램 또는 장치를 설치하지 아니하여도 음란물 및 사행성게임물을 접
속할 수 없게 되어 있는 경우에는 그러하지 아니하다. [[시행일 2007.10.20]]
  7. 대통령령이 정하는 영업시간 및 청소년의 출입시간을 준수할 것
  8. 그 밖에 영업질서의 유지 등에 관하여 필요한 사항으로서 대통령령이 정하는
사항을 준수할 것

제29조 (영업의 승계)

①제25조 또는 제26조의 규정에 의하여 허가를 받은 영업자 또는 등록·신고를
한 영업자가 그 영업을 양도하거나 사망한 때 또는 그 법인의 합병이 있는 때에는
그 양수인·상속인 또는 합병 후 존속하는 법인이나 합병에 의하여 설립되는 법인
은 그 영업자의 지위를 승계한다. [개정 2007.1.19] [[시행일 2007.4.20]]
②제30조의 규정에 의한 폐업신고에 의하여 허가가 취소되거나 등록 또는 신고가

 초보자를 위한 네이트 앱스토어에서 앱스 만들기

말소된 자가 1년 이내에 폐업한 장소에서 같은 업종으로 다시 허가를 받거나 등록 또는 신고를 하고자 하는 경우에는 당해 영업자는 폐업신고 전의 영업자의 지위를 승계한다. [개정 2007.1.19] [[시행일 2007.4.20]]

③「민사집행법」에 의한 경매,「채무자 회생 및 파산에 관한 법률」에 의한 환가나 「국세징수법」·「관세법」또는「지방세법」에 의한 압류재산의 매각 그 밖에 이에 준하는 절차에 따라 영업자의 시설·기구(대통령령이 정하는 주요시설 및 기구를 말한다)의 전부를 인수한 자는 그 영업자의 지위를 승계한다.

④제1항 내지 제3항의 규정에 의하여 영업자의 지위를 승계받은 자는 관할 시장·군수·구청장에게 신고하여야 한다. [개정 2007.1.19] [[시행일 2007.4.20]]

제30조 (폐업 및 직권말소)

①제25조 또는 제26조의 규정에 의하여 허가를 받거나 등록 또는 신고를 한 자가 영업을 폐지한 때에는 폐지한 날부터 7일 이내에 문화체육관광부령이 정하는 바에 따라 관할 시장·군수·구청장에게 폐업신고를 하여야 한다. [개정 2007.1.19, 2008.2.29] [[시행일 2007.4.20]]

②시장·군수·구청장은 제1항의 규정에 따라 폐업신고를 하지 아니하는 자에 대하여는 문화체육관광부령이 정하는 바에 따라 폐업한 사실을 확인한 후 허가 또는 등록·신고사항을 직권으로 말소할 수 있다. [개정 2007.1.19, 2008.2.29] [[시행일 2007.4.20]]

제31조 (사후관리)

①문화체육관광부장관은 게임물의 공정한 등급분류, 유통 및 이용제공의 건전한 영업질서 확립을 위하여 등급위원회 및 게임물 관련사업자에 대하여 이 법의 준수 여부에 관한 사항을 문화체육관광부령이 정하는 바에 따라 주기적으로 조사하고 관리하여야 한다. [개정 2008.2.29]

②문화체육관광부장관, 시·도지사 또는 시장·군수·구청장은 게임물의 유통질서 확립을 위하여 필요하다고 인정되는 때에는 게임물 관련 사업자에 대하여 필요한 보고를 하게 하거나 관계공무원으로 하여금 게임제공업 또는 인터넷컴퓨터게임시설제공업의 영업소 등에 출입하여 필요한 조사를 하게 하거나 서류를 열람하게 할 수 있다. [개정 2007.1.19, 2008.2.29] [[시행일 2007.4.20]]

③시·도지사 및 시장·군수·구청장은 대통령령이 정하는 바에 따라 게임물 관

련사업자 실태보고서를 문화체육관광부장관, 행정안전부장관, 경찰청장 및 대통령령에서 정하는 관계 행정기관의 장에게 주기적으로 제출하여야 한다. [신설 2007.1.19, 2008.2.29] [[시행일 2007.4.20]]

④제2항의 규정에 따라 출입·검사를 하는 관계공무원은 그 권한을 표시하는 증표를 지니고 이를 관계인에게 내보여야 한다. [개정 2007.1.19] [[시행일 2007.4.20]]

제2절 게임물의 유통 및 표시

제32조 (불법게임물 등의 유통금지 등)

①누구든지 게임물의 유통질서를 저해하는 다음 각 호의 행위를 하여서는 아니 된다. 다만, 제4호의 경우 「사행행위 등 규제 및 처벌특례법」 에 따라 사행행위영업을 하는 자를 제외한다. [개정 2007.1.19] [[시행일 2007.4.20]] 1. 제21조제1항의 규정에 의하여 등급을 받지 아니한 게임물을 유통 또는 이용에 제공하거나 이를 위하여 진열·보관하는 행위

2. 제21조제1항의 규정에 의하여 등급을 받은 내용과 다른 내용의 게임물을 유통 또는 이용에 제공하거나 이를 위하여 진열·보관하는 행위

3. 등급을 받은 게임물을 제21조제2항 각 호의 등급구분을 위반하여 이용에 제공하는 행위

4. 제22조제2항의 규정에 따라 사행성게임물에 해당되어 등급분류가 거부된 게임물을 유통시키거나 이용에 제공하는 행위 또는 유통·이용제공의 목적으로 진열·보관하는 행위

5. 제22조제3항제1호의 규정에 의한 등급분류필증을 매매·증여 또는 대여하는 행위

6. 제33조제1항 또는 제2항의 규정을 위반하여 등급 및 게임물내용정보 등의 표시사항을 표시하지 아니한 게임물 또는 게임물의 운영에 관한 정보를 표시하는 장치를 부착하지 아니한 게임물을 유통시키거나 이용에 제공하는 행위

7. 누구든지 게임물의 이용을 통해 획득한 유·무형의 결과물(점수, 경품, 게임 내에서 사용되는 가상의 화폐로서 대통령령이 정하는 게임머니 및 대통령령이 정하는 이와 유사한 것을 말한다)을 환전 또는 환전 알선하거나 재매입을 업으로 하는 행위

②누구든지 다음 각 호에 해당하는 게임물을 제작 또는 반입하여서는 아니 된다.

1. 반국가적인 행동을 묘사하거나 역사적 사실을 왜곡함으로써 국가의 정체성을 현저히 손상시킬 우려가 있는 것

2. 존비속에 대한 폭행·살인 등 가족윤리의 훼손 등으로 미풍양속을 해칠 우려가 있는 것

3. 범죄·폭력·음란 등을 지나치게 묘사하여 범죄심리 또는 모방심리를 부추기는 등 사회질서를 문란하게 할 우려가 있는 것

제33조 (표시의무)

①게임물을 유통시키거나 이용에 제공할 목적으로 게임물을 제작 또는 배급하는 자는 당해 게임물마다 제작 또는 배급하는 자의 상호(도서에 부수되는 게임물의 경우에는 출판사의 상호를 말한다), 등급 및 게임물내용정보를 표시하여야 한다.

②게임물을 유통시키거나 이용에 제공할 목적으로 게임물을 제작 또는 배급하는 자는 대통령령이 정하는 게임물에 대하여 게임물의 운영에 관한 정보를 표시하는 장치를 부착하여야 한다. [개정 2007.1.19] [[시행일 2007.4.20]]

③제1항 및 제2항의 규정에 의한 표시의 방법 등에 관하여 필요한 사항은 대통령령으로 정한다.

제34조 (광고·선전의 제한)

①누구든지 다음 각 호의 행위를 하여서는 아니된다. [개정 2007.1.19] [[시행일 2007.4.20]]

1. 등급을 받은 게임물의 내용과 다른 내용의 광고를 하거나 그 선전물을 배포·게시하는 행위

2. 등급분류를 받은 게임물의 등급과 다른 등급을 표시한 광고·선전물을 배포·게시하는 행위

3. 게임물내용정보를 다르게 표시하여 광고하거나 그 선전물을 배포·게시하는 행위

4. 게임물에 대하여 내용정보 외에 경품제공 등 사행심을 조장하는 내용을 광고하거나 선전물을 배포·게시하는 행위

②게임제공업, 인터넷컴퓨터게임시설제공업 또는 복합유통게임제공업을 하는 자는 사행행위와 도박이 이루어지는 장소로 오인할 수 있는 광고물로서 대통령령이 정하는 광고물을 설치 또는 게시하여서는 아니 된다. [개정 2007.1.19] [[시행일 2007.4.20]]

제3절 등록취소 등 행정조치

제35조 (허가취소 등)

①시장·군수·구청장은 제25조제1항의 규정에 의하여 게임제작업 또는 게임배급업의 등록을 한 자가 다음 각 호의 어느 하나에 해당하는 때에는 6월 이내의 기간을 정하여 영업정지를 명하거나 영업폐쇄를 명할 수 있다. 다만, 제1호 또는 제2호에 해당하는 때에는 영업폐쇄를 명하여야 한다. [개정 2007.1.19] [[시행일 2007.4.20]]

1. 거짓 그 밖의 부정한 방법으로 등록한 때
2. 영업정지명령을 위반하여 영업을 계속한 때
3. 제25조제2항의 규정을 위반하여 변경등록을 하지 아니한 때
4. 제28조의 규정에 의한 준수사항을 위반한 때
5. 제32조의 규정에 의한 불법게임물 등의 유통금지의무 등을 위반한 때

②시장·군수·구청장은 제26조의 규정에 의하여 게임제공업·인터넷컴퓨터게임시설제공업 또는 복합유통게임제공업의 허가를 받거나 등록 또는 신고를 한 자가 다음 각 호의 어느 하나에 해당하는 때에는 6월 이내의 기간을 정하여 영업정지를 명하거나 허가·등록취소 또는 영업폐쇄를 명할 수 있다. 다만, 제1호 또는 제2호에 해당하는 때에는 허가·등록취소 또는 영업폐쇄를 명하여야 한다. [개정 2007.1.19] [[시행일 2007.4.20]]

1. 거짓 그 밖의 부정한 방법으로 허가를 받거나 등록 또는 신고를 한 때
2. 영업정지명령을 위반하여 영업을 계속한 때
3. 제26조제1항 내지 제3항의 규정에 의한 허가·등록기준을 갖추지 아니한 때
4. 제26조제4항의 규정에 의한 변경허가를 받지 아니하거나 변경등록·변경신고를 하지 아니한 때
5. 제28조의 규정에 따른 준수사항을 위반한 때
6. 제1항제4호 및 제5호에 해당한 때

③제1항 또는 제2항의 규정에 의하여 영업의 폐쇄명령 또는 허가·등록의 취소처분을 받은 자는 그 처분의 통지를 받은 날부터 7일 이내에 허가증 또는 등록증·신고증을 반납하여야 한다. [개정 2007.1.19] [[시행일 2007.4.20]]

④제1항 및 제2항의 규정에 의한 행정처분의 세부기준은 그 위반행위의 유형과 위반의 정도 등을 고려하여 문화체육관광부령으로 정한다.
[개정 2008.2.29]

제36조 (과징금 부과)

①시장·군수·구청장은 게임제공업·인터넷컴퓨터시설제공업 또는 복합유통게임제공업을 하는 자가 다음 각 호의 어느 하나에 해당하여 영업정지처분을 하여야 하는 때에는 대통령령이 정하는 바에 따라 그 영업정지처분에 갈음하여 2천만원 이하의 과징금을 부과할 수 있다. [개정 2007.1.19] [[시행일 2007.4.20]]

  1. 제26조제1항·제2항 또는 제3항 본문의 규정에 따른 허가기준·등록기준을 갖추지 아니한 때
  2. 제28조제4호 내지 제8호의 규정에 의한 준수사항을 위반한 때

②시장·군수·구청장은 제1항의 규정에 의하여 과징금으로 징수한 금액에 상당하는 금액을 다음 각 호의 용도에 사용하여야 하며 매년 다음 연도의 과징금운용계획을 수립·시행하여야 한다. [개정 2007.1.19] [[시행일 2007.4.20]]

  1. 건전한 게임물의 제작 및 유통
  2. 게임장의 건전화 및 유해환경 개선
  3. 모범영업소의 지원
  4. 불법게임물 및 불법영업소의 지도·단속활동에 따른 지원
  5. 압수된 불법게임물의 보관장소 확보 및 폐기

③시장·군수·구청장은 제1항의 규정에 의한 과징금을 납부하여야 할 자가 납부기한까지 이를 납부하지 아니하는 때에는 지방세 체납처분의 예에 따라 이를 징수한다.

④제1항의 규정에 의하여 과징금을 부과하는 위반행위의 종별·정도 등에 따른 과징금의 금액과 그 부과절차 등에 관하여 필요한 사항은 문화체육관광부령으로 정한다. [개정 2008.2.29]

제37조 (행정제재처분의 효과승계)

①제29조제1항의 규정에 의하여 영업자의 지위를 승계하는 경우 종전의 영업자에게 제35조제1항 각 호 또는 제2항 각 호의 위반을 사유로 행한 행정제재처분의 효과는 그 행정처분일부터 1년간 영업자의 지위를 승계받은 자에게 승계되며 행정제재처분의 절차가 진행 중인 때에는 영업자의 지위를 승계받은 자에게 행정제재처분의 절차를 속행할 수 있다. 다만, 양수인·상속인 또는 합병 후 존속하는 법인이 양수 또는 합병 시에 그 처분 또는 위반사실을 알지 못한 경우에는 그러하지 아니하다.

②제29조제2항의 규정에 의하여 영업자의 지위를 승계하는 경우 폐업신고 전에 제35조제1항 각 호 또는 제2항 각 호의 위반을 사유로 행한 행정제제처분의 효과는 그 행정처분일부터 1년간 영업지의 지위를 승계받은 자에게 승계되며 행정제재처분의 절차가 진행 중인 때에는 영업자의 지위를 승계받은 자에게 행정제재처분의 절차를 속행할 수 있다.

제38조 (폐쇄 및 수거 등)

①시장·군수·구청장은 제25조 또는 제26조의 규정에 따른 허가를 받지 아니하거나 등록 또는 신고를 하지 아니하고 영업을 하는 자와 제35조제1항 또는 제2항의 규정에 의하여 영업폐쇄명령을 받거나 허가·등록 취소처분을 받고 계속하여 영업을 하는 자에 대하여는 관계 공무원으로 하여금 그 영업소를 폐쇄하기 위하여 다음 각 호의 조치를 하게 할 수 있다. [개정 2007.1.19] [[시행일 2007.4.20]]

  1. 당해 영업 또는 영업소의 간판 그 밖의 영업표지물의 제거·삭제

  2. 당해 영업 또는 영업소가 위법한 것임을 알리는 게시물의 부착

  3. 영업을 위하여 필요한 기구 또는 시설물을 사용할 수 없게 하는 봉인

②제1항의 조치를 함에 있어서는 미리 당해 영업자 또는 그 대리인에게 서면으로 이를 알려 주어야 한다. 다만, 대통령령이 정하는 급박한 사유가 있는 경우에는 그러하지 아니하다.

③문화체육관광부장관, 시·도지사 또는 시장·군수·구청장은 유통되거나 이용에 제공되는 게임물 또는 광고·선전물 등이 다음 각 호의 어느 하나에 해당하는 때에는 이를 수거하거나 폐기 또는 삭제할 수 있다. 다만, 제2호의 경우 「사행행위 등 규제 및 처벌특례법」에 의한 사행행위영업을 하는 경우를 제외한다. [개정 2007.1.19, 2008.2.29] [[시행일 2007.4.20]]

1. 등급분류를 받지 아니하거나 등급분류를 받은 것과 다른 내용의 게임물

1의2. 시험용 게임물로서 제21조제1항제3호의 대통령령이 정하는 대 상·기준과 절차 등을 위반한 게임물

2. 사행성게임물에 해당되어 등급분류가 거부된 게임물

2의2. 제2조제6호다목의 대통령령이 정하는 종류 및 방법 등을 위반하여 제공된 게임물

3. 제25조의 규정에 의하여 등록을 하지 아니한 자가 영리의 목적으로 제작하거나 배급한 게임물

4. 제34조의 규정을 위반하여 배포·게시한 광고·선전물

5. 게임물의 기술적 보호조치를 무력하게 하기 위하여 제작된 기기·장치 및 프로그램

④제3항의 규정에 의하여 관계공무원이 당해 게임물 등을 수거한 때에는 그 소유자 또는 점유자에게 수거증을 교부하여야 한다. 다만, 수거증의 인수를 거부한 경우에는 그러하지 아니하다.

⑤문화체육관광부장관, 시·도지사 또는 시장·군수·구청장은 제3항 각 호의 게임물 등에 대한 단속을 함에 있어서 필요한 때에는 협회등에 협조를 요청할 수 있으며 협조요청을 받은 협회등은 이에 따라 필요한 협조를 하여야 한다.

⑥제1항 및 제3항의 규정에 의하여 게시물의 부착·봉인·수거·폐기 등의 처분을 하는 관계 공무원이나 협회등의 임직원은 그 권한을 표시하는 증표를 지니고 이를 관계인에게 내보여야 한다. [개정 2008.2.29]

⑦문화관광부장관은 정보통신망을 통하여 제공되는 게임물 또는 광고·선전물 등이 제3항 각 호의 어느 하나에 해당하는 경우「정보통신망 이용촉진 및 정보보호 등에 관한 법률」제2조제1항제3호의 정보통신서비스제공자 또는 같은 항 제9호의 게시판을 관리·운영하는 자로 하여금 그 취급을 거부·정지 또는 제한하도록 명할 수 있다. 다만, 사전에 등급위원회의 심의 및 시정권고의 절차를 거쳐야 한다. 이 경우 시정권고 또는 거부·정지·제한 명령을 받은 정보통신서비스제공자 또는 게시판 관리·운영자는 7일 이내에 조치하고 그 결과를 게임물등급위원회위원장 또는 문화관광부장관에게 통보하여야 한다. [신설 2007.12.21] [[시행일 2008.3.22]]

⑧게임물등급위원회위원장 또는 문화관광부장관은 제7항에 따른 시정권고 또는 거부·정지·제한 명령의 대상이 되는 정보통신서비스제공자 또는 게시판 관리·

운영자에게 미리 의견제출의 기회를 주어야 한다. 다만, 다음 각 호의 어느 하나에 해당하는 경우에는 그러하지 아니하다. [신설 2007.12.21] [[시행일 2008.3.22]]

　1. 공공의 안전 또는 복리를 위하여 긴급한 경우

　2. 의견청취가 현저히 곤란하거나 명백히 불필요한 경우

　3. 명백한 의사로 의견제출을 포기하거나, 정당한 이유 없이 의견제출을 지연하는 경우

제6장 보칙

제39조 (협회등의 설립)

①게임물 관련사업자는 게임물에 관한 영업의 건전한 발전과 게임물 관련사업자의 공동이익을 도모하기 위하여 협회등을 설립할 수 있다.

②제1항의 규정에 의한 협회등은 법인으로 한다.

③제1항의 규정에 의하여 설립된 협회등은 게임물의 제작 및 유통질서가 건전하게 유지될 수 있도록 노력하여야 한다.

제39조의2 (포상금)

①정부는 다음 각 호의 어느 하나에 해당하는 자를 관계 행정기관 또는 수사기관에 신고 또는 고발하거나 검거한 자에 대하여 예산의 범위 안에서 포상금을 지급할 수 있다.

　1. 제28조제2호의 규정을 위반하여 도박 그 밖의 사행행위를 하게 하거나 이를 하도록 방치한 자

　2. 제28조제3호의 규정을 위반하여 사행성을 조장한 자

　3. 제32조의 규정에 따른 불법게임물 등의 유통금지의무 등을 위반한 자

　4. 제34조제1항 각 호의 어느 하나의 행위를 한 자

②제1항의 규정에 따른 포상금 지급의 기준·방법 및 절차 등에 관하여 필요한 사항은 대통령령으로 정한다.

[본조신설 2007.1.19] [[시행일 2007.4.20]]

제40조 (청문)

시장 · 군수 · 구청장은 제35조제1항 또는 제2항의 규정에 의하여 영업폐쇄명령, 허가취소 또는 등록취소를 하고자 하는 경우에는 청문을 실시하여야 한다. [개정 2007.1.19] [[시행일 2007.4.20]]

제41조 (수수료)

①다음 각 호의 어느 하나에 해당하는 자는 시 · 군 · 구(자치구를 말한다)의 조례가 정하는 바에 의하여 수수료를 납부하여야 한다. [개정 2007.1.19] [[시행일 2007.4.20]]

1. 제25조의 규정에 의하여 게임제작업 또는 게임배급업을 등록하거나 변경등록을 하는 자
2. 제26조의 규정에 의하여 게임제공업, 인터넷컴퓨터게임시설제공업 또는 복합유통게임제공업의 허가 · 변경허가를 받거나 등록 · 변경등록 또는 변경신고를 하고자 하는 자

②다음 각 호의 어느 하나에 해당하는 자는 등급위원회가 문화체육관광부장관의 승인을 얻어 정하는 수수료를 납부하여야 한다. [개정 2007.1.19, 2007.12.21, 2008.2.29 [[시행일 2008.3.22]]

1. 제21조제1항의 규정에 의한 등급분류를 신청하는 자
2. 제23조의 규정에 의한 이의신청을 하는 자
3. 제21조의 규정에 의하여 기술심의를 받아야 하는 자
4. 제21조제1항제3호에 따른 시험용 게임물의 확인을 신청하는 자
5. 제21조제5항에 따른 게임물의 내용수정을 신고하여 등급재분류 대상인 자

제42조 (권한의 위임 · 위탁)

①문화체육관광부장관 또는 시 · 도지사는 이 법의 규정에 의한 권한의 일부를 대통령령이 정하는 바에 따라 시 · 도지사 또는 시장 · 군수 · 구청장에게 위임할 수 있다. [개정 2008.2.29]

②이 법의 규정에 따른 문화체육관광부장관, 시 · 도지사 또는 시장 · 군수 · 구청장의 권한은 대통령령이 정하는 바에 의하여 협회등에 위탁할 수 있다. [개정 2008.2.29]

제7장 벌칙

제44조 (벌칙)

①다음 각 호의 어느 하나에 해당하는 자는 5년 이하의 징역 또는 5천만원 이하의 벌금에 처한다. [개정 2007.1.19] [[시행일 2007.4.20]]

　1. 제28조제2호의 규정을 위반하여 도박 그 밖의 사행행위를 하게 하거나 이를 하도록 방치한 자

　1의2. 제28조제3호의 규정을 위반하여 사행성을 조장한 자 [신설 2007.1.19]

　2. 제32조제1항제1호 · 제4호 또는 제7호에 해당하는 행위를 한 자

　3. 제38조제1항 각 호의 규정에 의한 조치를 받고도 계속하여 영업을 하는 자

②제1항의 규정에 해당하는 자가 소유 또는 점유하는 게임물, 그 범죄행위에 의하여 생긴 수익(이하 이 항에서 "범죄수익"이라 한다)과 범죄수익에서 유래한 재산은 몰수하고, 이를 몰수할 수 없는 때에는 그 가액을 추징한다.

③제2항에서 규정한 범죄수익 및 범죄수익에서 유래한 재산의 몰수 · 추징과 관련되는 사항은 「범죄수익은닉의 규제 및 처벌 등에 관한 법률」 제8조 내지 제10조의 규정을 준용한다.

제45조 (벌칙)

다음 각 호의 어느 하나에 해당하는 자는 2년 이하의 징역 또는 2천만원 이하의 벌금에 처한다. [개정 2007.1.19] [[시행일 2007.4.20]]

　1. 제22조제4항의 규정에 의한 정당한 권원을 가지지 아니하거나 거짓 그 밖의 부정한 방법으로 게임물의 등급분류를 받은 자

　2. 제25조 또는 제26조제1항 · 제2항 · 제3항 본문의 규정을 위반하여 허가를 받지 아니하거나 등록을 하지 아니하고 영업을 한 자

　3. 삭제 [2007.1.19] [[시행일 2007.4.20]]

　3의2. 제28조제4호의 규정을 위반하여 청소년이용불가 게임물을 제공한 자

　4. 제32조제1항제2호의 규정을 위반하여 등급분류를 받은 게임물과 다른 내용의 게임물을 유통 또는 이용제공 및 전시 · 보관한 자

　5. 제32조제1항제5호의 규정을 위반하여 등급분류필증을 매매 · 증여 또는 대여한 자

　6. 제32조제2항 각 호의 규정을 위반하여 게임물을 제작 또는 반입한 자

　7. 제32조제1항제6호 및 제33조의 규정을 위반하여 표시의무를 이행하지 아니한 게임물을 유통시키거나 이용에 제공한 자

 초보자를 위한 네이트 앱스토어에서 앱스 만들기

8. 제35조제1항제1호 · 제2항제1호의 규정에 의한 거짓 그 밖의 부정한 방법으로 허가를 받거나 등록 또는 신고를 한 자

9. 제35조제2항제2호의 규정에 의한 영업정지명령을 위반하여 영업한 자

10. 제38조제3항제3호 또는 제4호의 규정에 해당하는 게임물 및 게임상품 등을 제작 · 유통 · 시청 또는 이용에 제공하거나 그 목적으로 전시 · 보관한 자

제46조 (벌칙)

다음 각 호의 어느 하나에 해당하는 자는 1년 이하의 징역 또는 1천만원 이하의 벌금에 처한다. [개정 2007.1.19, 2007.12.21] [[시행일 2008.3.22]]

1. 제26조제3항 단서의 규정을 위반하여 신고를 하지 아니하고 영업을 한 자
2. 제28조제7호의 규정에 의한 청소년의 출입시간을 위반하여 청소년을 출입시킨 자
3. 제32조제1항제3호의 규정에 의한 등급구분을 위반하여 게임물을 제공한 자
4. 삭제 [2007.1.19] [[시행일 2007.4.20]]
5. 제35조제1항제2호의 규정에 의한 영업정지명령을 위반하여 영업한 자
6. 제38조제7항에 따른 문화관광부장관의 명령을 이행하지 아니한 자

제47조 (양벌규정)

법인의 대표자나 법인 또는 개인의 대리인 · 사용인 그 밖의 종업원이 그 법인 또는 개인의 업무에 관하여 제44조 내지 제46조의 규정에 의한 위반행위를 한 때에는 행위자를 벌하는 외에 그 법인 또는 개인에 대하여도 각 해당 조의 벌금형을 과한다.

제48조 (과태료)

①다음 각 호의 어느 하나에 해당하는 자는 1천만원 이하의 과태료에 처한다. [개정 2007.1.19] [[시행일 2007.4.20]]

1. 제25조제2항의 규정을 위반하여 변경등록을 하지 아니한 자
2. 제26조제4항의 규정을 위반하여 변경허가를 받지 아니하거나 변경등록 또는 변경신고를 하지 아니한 자
2의2. 제21조제5항의 규정을 위반하여 변경신고를 하지 아니한 자
3. 제28조제1호의 규정을 위반하여 교육을 받지 아니한 자

4. 제28조제5호의 규정을 위반하여 일반게임장에 청소년을 출입시킨 자

5. 제28조제6호의 규정을 위반하여 음란물 및 사행성게임물 차단 프로그램 또는 장치를 설치하지 아니한 자

6. 제29조제4항의 규정을 위반하여 신고를 하지 아니한 자

7. 제31조제2항의 규정에 의한 보고를 하지 아니하거나 관계공무원의 출입·조사 또는 서류열람을 거부·방해 또는 기피한 자

8. 제34조의 규정을 위반한 자

②제1항의 규정에 의한 과태료는 대통령령이 정하는 바에 따라 문화체육관광부장관, 시·도지사 또는 시장·군수·구청장(이하 "부과권자"라 한다)이 부과·징수한다. [개정 2008.2.29]

③제2항의 규정에 의한 과태료 처분에 불복이 있는 자는 그 처분의 고지를 받은 날부터 30일 이내에 부과권자에게 이의를 제기할 수 있다.

④제3항의 규정에 의하여 과태료 처분에 이의를 제기한 때에는 부과권자는 지체 없이 관할법원에 그 사실을 통보하여야 하며 그 통보를 받은 법원은 「비송사건절차법」에 의한 과태료의 재판을 한다.

⑤제3항의 규정에 의한 기간 이내에 이의를 제기하지 아니하고 과태료를 납부하지 아니한 때에는 국세 또는 지방세 체납처분의 예에 의하여 이를 징수한다.

부칙

부칙 [2006.04.28 제7941호]

제1조(시행일)

이 법은 공포 후 6개월이 경과한 날부터 시행한다.

제2조(적용시한)

제20조의 규정은 2009년 12월 31일까지 효력을 갖는다. [개정 2007.12.21] [[시행일 2008.3.22]]

제3조(등급분류기관 등급위원회 변경에 따른 준비)

문화관광부장관은 이 법 시행 전에 등급위원회 설립 등 등급분류업무 체제의 변경에 따른 준비에 필요한 사무를 행 할 수 있다.

 초보자를 위한 네이트 앱스토어에서 앱스 만들기

제4조(멀티미디어 문화콘텐츠 설비제공업에 관한 경과조치)

이 법에 시행 당시 종전의 「음반·비디오를 및 게임물에 관한 법률」의 규정에 의한 멀티미디어 문화콘텐츠 설비제공업은 이 법에 의한 인터넷컴퓨터게임시설제공업으로 본다.

제5조(게임물의 등급분류에 관한 경과조치)

①이 법 시행 당시 종전의 「음반·비디오물 및 게임물에 관한 법률」의 규정에 따라 12세이용가 또는 15세이용가 등급을 부여받은 게임물은 이 법 제21조제2항의 개정규정에 따른 12세이용가 또는 15세이용가 등급을 부여받은 것으로 본다. 다만, 18세이용가 등급을 부여받은 게임물은 이 법 시행 후 6개월 이내에 제16조의 규정에 따른 등급위원회에서 등급분류를 받아야 한다. [개정 개정 2007.1.19] [[시행일 2007.4.20]]

②등급위원회는 제1항의 규정에 따라 등급의 재분류를 신청하는 자에게 재분류에 필요한 소정의 수수료를 부과할 수 있다. [개정 2007.1.19] [[시행일 2007.4.20]]

제6조(신고·등록영업에 관한 경과조치)

①이 법 시행 당시 종전의 「음반·비디오물 및 게임물에 관한 법률」의 규정에 의하여 게임물제작업 및 배급업의 신고를 한 자는 이 법에 의하여 신고한 것으로 본다. 다만, 이 법 시행 후 3개월 이내에 문화관광부령이 정하는바에 의하여 신고증을 재교부 받아야 한다.

②이 법 시행 당시 종전의 「음반·비디오물 및 게임물에 관한 법률」의 규정에 의하여 등록한 게임제공업자 및 복합유통제공업자는 이 법에 의하여 등록한 것으로 본다. 다만, 이 법 시행 후 3개월 이내에 문화관광부령이 정하는 바에 의하여 등록증을 재교부받아야 한다.

제7조(게임물의 운영에 관한 정보표시 장치에 관한 경과조치)

이 법 시행 당시 종전의 「음반·비디오물 및 게임물에 관한 법률」의 규정에 의하여 등급을 부여받은 모든 게임물은 이 법 시행 후 6개월 이내에 제33조제2항에 의한 게임물의 운영에 관한 정보표시 장치를 부착하여야 한다.

제8조(생정처분 및 영업 등의 제한에 관한 경과조치)

이 법 시행 당시 종전의 「음반·비디오물 및 게임물에 관한 법률」의 규정에 의하여 행정처분, 과징금처분 또는 영업의 제한을 받았거나 받고 있는 자는 이 법의 규정에 의하여 행정처분, 과징금처분 또는 영업의 제한을 받았거나 받고 있는 것으로 본다.

제9조(벌칙 등에 관한 경과조치)

이 법 시행 전의 행위에 대한 벌칙 또는 과태료의 적용에 있어서는 종전의 「음반·비디오물 및 게임물에 관한 법률」의 규정에 의한다.

제10조(다른 법률의 개정)

①출판및인쇄진흥법 일부를 다음과 같이 개정한다.

제3조제1호를 다음과 같이 한다.
 1. 「음악산업진흥에 관한 법률」 제2조제4호의 규정에 의한 음반, 「영화 및 비디오물의 진흥에 관한 법률」 제2조제12호에 의한 비디오물 및 「게임산업진흥에 관한 법률」 제2조제1호의 규정에 의한 게임물
 ②풍속영업의규제에관한법률 일부를 다음과 같이 개정한다.
제2호제4를 다음과 같이 한다.
 4. 「영화 및 비디오물의 진흥에 관한 법률」에 의한 비디오물감상실업, 「음악산업진흥에 관한 법률」에 의한 노래연습장업 및 「게임산업진흥에 관한 법률」에 의한 게임제공업 및 복합유통게임제공업
 ③청소년활동진흥법 일부를 다음과 같이 개정한다. 제33조제2항제4호를 삭제한다.
 ④범죄수익은닉의 규제 및 처벌 등에 관한 법률 일부를 다음과 같이 개정한다.
별표 제14호를 다음과 같이 한다.
 14. 「게임산업진흥에 관한 법률」 제44조제1항의 죄 제11조(다른 법령과의 관계) 이 법 시행 당시 다른 법령에서 종전의 「음반·비디오물 및 게임물에 관한 법률」이나 그 규정을 인용하고 있는 경우에 이 법 중 그에 해당하는 규정이 있는 때에는 종전의 규정에 갈음하여 이 법 또는 이 법의 해당 조항을 인용한 것으로 본다.

부칙 [2007.1.19 제8247호]

제1조(시행일)

이 법은 공포 후 3개월이 경과한 날부터 시행한다. 다만, 제32조제1항제7호 및 제44조제1항제2호의 개정규정은 공포한 날부터, 제28조제3호의 개정규정은 2007년 4월 29일부터, 제28조제5호 및 제6호의 개정규정은 공포 후 9개월이 경과한 날부터 각각 시행한다.

제2조(등록 등에 관한 경과조치)

①이 법 시행 당시 종전의 제25조의 규정에 따라 신고한 게임제작업자 또는 게임배급업자는 제25조의 개정규정에 따른 게임제작업자 또는 게임배급업자로 등록한 것으로 본다. 다만, 이 법 시행 후 6개월 이내에 제25조의 개정규정에 따라 등록증을 교부받아야 한다.

②이 법 시행 당시 종전의 제26조의 규정에 따라 등록한 게임제공업자 중 제26조의 개정규정에 따라 일반게임제공업자로 허가를 받고자 하는 자는 그 기준을 갖추어 이 법 시행 후 1년 이내에 허가를 받아야 한다.

③이 법 시행 당시 종전의 제26조의 규정에 따라 등록한 게임제공업자 중 제26조의 개정규정에 따라 청소년게임제공업자로 등록을 하고자 하는 자는 그 기준을 갖추어 이 법 시행 후 6개월 이내에 등록을 하여야 한다.

④이 법 시행 당시 종전의 규정에 따라 인터넷컴퓨터게임시설제공업을 영위하는 자는 그 기준을 갖추어 이 법 시행 후 6개월 이내에 등록을 하여야 한다.

부칙 [2007.12.21 제8739호]

제1조(시행일)

이 법은 공포 후 3개월이 경과한 날부터 시행한다. 다만, 부칙 제2조는 2007년 10월 20일부터 적용한다.

제2조(등록 등에 관한 경과조치)

①법률 제7943호로 폐지된 「음반·비디오물 및 게임물에 관한 법률」 제26조제2항

에 따라 신고한 청소년게임장업자 또는 법률 제8247호 게임산업진흥에 관한 법률 일부개정법률 시행 당시 종전의 법률(법률 제8247호 게임산업진흥에 관한 법률 일부개정법률에 따라 개정되기 전의 것을 말한다. 이하 같다)에 따라 등록한 게임제공업자는 같은 개정법률 제26조 및 부칙 제2조제3항에도 불구하고 이 법 시행 후 2008년 5월 17일까지 그 기준을 갖추어 청소년게임제공업의 등록을 할 수 있다.

②법률 제8247호 게임산업진흥에 관한 법률 일부개정법률 시행 당시 종전의 법률에 따라 인터넷컴퓨터게임시설제공업을 영위하는 자는 같은 개정법률 부칙 제2조제4항에도 불구하고 이 법 시행 후 2008년 5월 17일까지 그 기준을 갖추어 등록을 할 수 있다.

부칙 (정부조직법) 〈제8852호, 2008.2.29〉

제1조(시행일)

이 법은 공포한 날부터 시행한다. 다만, 제31조제1항의 개정규정 중 "식품산업진흥"에 관한 부분은 2008년 6월 28일부터 시행하고, 부칙 제6조에 따라 개정되는 법률 중 이 법의 시행 전에 공포되었으나 시행일이 도래하지 아니한 법률을 개정한 부분은 각각 해당 법률의 시행일부터 시행한다.

제2조부터 제5조까지 생략
제6조(다른 법률의 개정)

①부터 〈241〉까지 생략

〈242〉 게임산업진흥에 관한 법률 일부를 다음과 같이 개정한다.

제2조제1호다목, 제3조제1항·제3항, 제12조제2항, 제12조의2제2항·제3항, 제15조제1항·제2항 각 호외의 부분·제3항, 제16조제4항, 제17조제2항, 제20조제2항, 제28조제6호 본문, 제31조제1항부터 제3항까지, 제38조제3항 각 호 외의 부분 본문·제5항, 제41조제2항 각 호 외의 부분, 제42조제1항·제2항 및 제48조제2항 중 "문화관광부장관"을 각각 "문화체육관광부장관"으로 한다. 제9조제4항, 제21조제5항·제7항, 제22조제5항, 제23조제3항, 제24조 각 호 외의 부분, 제25조제1항 각 호 외의 부분 본문·제2항·제4항, 제26조제2항 본문·제3항 본문·제4항·제5항, 제30조제1항·제2항, 제31조제1항, 제35조제4항 및 제36조제4항 중

“문화관광부령”을 각각 “문화체육관광부령”으로 한다. 제31조제3항 중 “행정자치
부장관”을 “행정안전부장관”으로 한다.

제7조 생략

글 마치며

네이트 앱스토어(http://appstore.nate.com/)를 시초로 국내에 본격적인 콘텐츠 앱스토어가 문을 열었다. 흔히, 콘텐츠 오픈마켓이라고 불리는 앱스토어는 프로그램을 뜻하는 어플리케이션(Application)이란 단어에서 앞 부분 'Apps'를 분리해서 표기하는데, 모바일 휴대폰 기기나 기타 인터넷 기기에서 이용자들이 자유롭게 다운로드 받아서 사용하는 콘텐츠를 말한다.

2009년 9월 30일 SK커뮤니케이션즈에서 네이트(www.nate.com)와 싸이월드(www.cyworld.com) 사이트를 네이트커넥트라는 새로운 서비스로 통합하면서, 애플社의 아이폰과 아이팟 터치에서 글로벌 히트를 기록한 일명 '콘텐츠 오픈마켓'으로서 [앱스토어]를 서비스하겠다는 발표가 나오는 순간 그 발표를 들은 사람들은 여전히 고개를 갸우뚱했다.

영어권 사용자들이 많은 세계 시장에서 애플社의 '앱스토어'가 성공을 한 것은 당연한 일로 받아들여지지만 아무리 싸이월드 회원이 많다고 가정해도, 한국어권이라는 국내의 좁은 시장에서 과연 앱스토어가 성공할 수 있을지 회의적인 시각이 많았던 것도 사실이다.

그러나, SK커뮤니케이션즈에서 주도하는 사업 행보를 보면 조심스럽게 성공 가능성이 점쳐지는 분위기인 것만은 확실하다.

가령, 인터넷 및 통신사업을 하던 하나로텔레콤(現, SK브로드밴드)를 1조원이 넘는 금액에 인수하면서 이동통신서비스를 주로 하던 SK는 통신시장을 포괄적으로 다루려는 거대한 융합사업전략을 내세우는 것으로 보이는데, 현재 모바일 휴대폰 이동통신서비스의 업계 1위를 유지하고 있으며, 이에 추가하여 iPTV 및 유무선 전화통화는 물론, 출시 예정된 싸이월드폰에 맞물려 모바일 콘텐츠유통까지 아우르게 되는 것이다.

'통신=SK'라는 공식이 생기면서 유무선 통신 및 콘텐츠와 통신기기까지 취급하는 절대강자의 위치를 노리는 SK의 행보를 보고 있자면, 이제 더 이상 네이트 앱스토어 참여를 주저하면 안 될 것이란 확신이 들기 마련이다.

[앱스토어]엔 수많은 '앱스(Apps)'가 모여 이용자들에게 선택을 받고, 저마다 선택된 '앱스'는 각 이용자의 모바일휴대폰에 다운로드되어 개별 이용자들에게 사용되는 구조가 이뤄진다. 이에 대해, '앱스'의 종류는 게임, 사진, 만화, 영화, 책 등, 콘텐츠 제한이 없으며, 시장 진입 자체도 장벽이 없어서 어느 누구라도 저유롭게 앱스를 만들고 앱스토어에 자신의 앱스를 진열하고, 잘하면 수익도 꽤 짭짤하게 벌 수 있다는 비전을 품게 되는 것이다.

결국, 정리해보면, '앱스'는 언어적 문화차이가 중요한 게 아니라 모바일 휴대폰으로 통하는 인터넷 기반의 사이버세상에서 게임과 콘텐츠로 통하고 서로 즐기는 하나의 문화상품으로 받아들여야 한다는 점이다. 그래서, 한국에서 시작하는 네이트 앱스토어의 미래가 어둡지 않다고 보게 되는 것이다.

'앱스'는 무엇보다도 쉽고, 간단하게 만들어야 한다. 요즘 점차 LCD액정화면이 커지는 추세라고는 하지만 아무리 그래도 손바닥보다 작은 모바일휴대폰 액정 화면에서 구형되는 기능이기 때문에 복잡하게 만들면 이용자들에게 인기를 얻을 가능성이 줄어든다.

알아두면 좋은 [앱스 선정 심사]에 통과할 수 있는 요인들

- 버그(에러) 없는 완벽한 기능
- 단순한 구성
- 시각적인 효과
- 몰입하기 좋은 내용
- 생동적인 내용
- 개발가이드에 맞는지 여부
- 독창성 있는 콘텐츠

게다가 잘만 되면 내가 만들어 올린 '앱스' 하나로 큰 수익도 벌 수 있다. 인터넷 시장이 초기에 열리고 많은 인터넷재벌이 등장한 것처럼 또 하나의 금광이 열리는 징조가 보인다. 시장이 열리는데 뒤에서 주춤거리며 망설이기보다는 남들보다 한 발 앞서서 금맥을 찾는 노력으로 또 하나의 성공을 일구기 바라는 마음이다. 그 중심에 이 책 [네이트 앱스 만들기]가 조금이라도 도움이 되었으면 하는 바람이다.

이 책이 만들어지기까지 네이트 앱스토어 가이드를 보며 앱스 개발을 도와준 웹개발 및 앱스개발전문 나우로인터내셔널(주)(www.nawooro.com), 그리고 성윤현 본부장님께도 감사드린다.

필자 이영호

MEMO

MEMO